건 강 한 스 푼
예 쁨 한 스 푼

피부가 숨 쉬는
천연비누

시작하기 전에 ───

01. 저온법 비누 만들기는 크게 3 Step으로 나눌 수 있습니다. 이 책에서 소개하는 과정은 Step 2에 해당하는 과정
    입니다. Step 1과 Step 3은 공통된 과정으로 29~30p에서 설명하고 있습니다.

02. 분말에 오일을 섞을 때는 분량 외의 해바라기씨 오일, 포도씨 오일, 피마자 오일 등이 가장 무난합니다(31p
    참고).

03. 첨가물은 원하는 대로 변경하여 비누를 만들어도 좋습니다.

프롤로그

천연비누와 거리가 멀던 저는 몇 년 전 우연히 만들어본 비누의 매력에 빠져 직장에서 나와 공방을 운영하게 되었고, 지금 이렇게 책으로 여러분을 만나게 되었습니다.

부족한 제가 누군가에게 도움이 될만한 내용을 담을 수 있을지 고민을 많이 했는데요. 처음 비누를 접했을 때 어려웠던 제 자신을 생각하며 천연비누를 어렵게 생각하시는 분들에게 쉽고 재미있는 작업으로 소개할 수 있지 않을까 하는 생각에 용기를 내게 되었습니다.

초보자도 편하게 시작할 수 있도록 최대한 쉽고 간결하게 설명하려 했고, 비누 디자인의 기초적인 부분부터 다루었습니다. 또한 레시피는 주변에서 어렵지 않게 구하실 수 있는 재료들로 구성하려 노력했답니다.

이 책에서 소개하는 저온법 비누(CP)는 다양한 오일과 버터류를 주원료로 하고 피부에 도움이 되는 천연첨가물 및 비누의 디자인을 돋보이게 도와줄 색 재료를 넣어 1개월 이상의 건조 & 숙성 기간을 거치면 완성이 됩니다. 비누의 주재료인 오일부터 첨가물까지 원하는 재료를 직접 선택해서 오랜 시간 동안 기다림 끝에 내 피부에 맞는 세상에서 하나뿐인 나만의 비누가 탄생한다는 것이 정말 매력적이지 않나요?

제가 오랜시간 동안 비누를 만들면서 느꼈던 천연비누의 매력을 말씀드릴게요.

1. 보습력이 좋아요.
식물성 오일을 주원료로 사용하여 오일 자체의 고유 성분과 영양소를 비누에 담아내어 천연 지방산이 비누화 되고, 부산물로 생성되는 고보습 인자인 천연 글리세린이 다량 함유되어 있어요. 매우 부드럽고 보습력이 뛰어나며, 피부에 적당한 세정과 자정능력을 유지시켜 준답니다.

2. 자극이 없어요.
수십 가지의 화학물질이 들어가는 일반 세정제에 비해 천연비누는 최소한의 천연재료로 비누를 만들기 때문에 피부에 자극을 주지 않아요.

3. 맞춤비누를 만들 수 있어요.
재료를 직접 선택하여 수작업으로 소량 생산하기 때문에 개인 피부 타입에 따라 맞춤 비누를 만들 수 있어요.

4. 환경에 좋은 영향을 줄 수 있어요.
물 오염의 원인이 되는 화학재료가 사용되지 않아 환경에 부담을 주지 않아요.

이러한 천연비누의 매력을 여러분들도 함께 느낄 수 있었으면 좋겠습니다.

처음 해보는 책 원고 작업이라 걱정스러움이 많이 앞섭니다. 혹시 비누에 대해 궁금하신 점이 있다면 저희 공방으로 연락주세요.

마지막으로 옆에서 모든 비누 작업을 사진으로 남겨주신 저의 파트너 이경미 선생님, 그리고 가족들, 비누 작업실 노브워크샵을 찾아주셨던 모든 분들에게 감사의 인사를 드립니다.

2018 여름의 시작점에서. 김도희

목차

PART 01
기능성 비누 만들기

 아보카도 밀싹
38

 살구 꿀
42

 카카오 시어버터
46

 숯 소금
50

 그린티 어성초
54

 카렌듈라
58

 요거트
62

 산양유
66

 막걸리
72

 달걀
76

꼭 알아야 할 기본 정보

이 책에서는 저온법 비누를 다루고 있습니다. 저온법 비누는 제작 과정에서 열을 추가하지 않고 낮은 온도에서 만드는 비누를 뜻하는데요. 사용하는 재료에 따라 다양한 성격의 비누를 만들 수 있습니다. 비누를 만들 때 꼭 필요한 3가지 재료는 <u>오일, 가성소다, 정제수</u>입니다. 비누는 산(지방산)과 알칼리(수산화나트륨)가 섞여 비누화 반응이 일어나 그때의 부산물로 글리세린이 생겨 만들어집니다.

오일(지방산) + 수산화나트륨 + 정제수 = 비누 + 글리세린

가성소다는 알칼리성이 매우 강한 원료로 가성소다로 인해 오일과 화학반응이 생겨 비누가 만들어집니다. 필요한 양을 계산하고, 재료를 정확하게 계량해야 오일과 가성소다의 정확한 양이 서로 반응하여 가성소다 성분이 비누에 남아있지 않습니다.

──── 비누를 만들기 전 결정할 것

• 총 오일의 양

CP 비누 1kg을 만드는 데 필요한 오일의 양은 750g 정도입니다.

• 오일의 구성비율

팜, 코코넛 오일을 중심으로 피부타입이나 계절별로 4~6가지 오일을 정합니다.

• 가성소다의 양 계산

비누화 값을 이용하여 가성소다의 양을 계산합니다(18p).

• 정제수의 양 계산

오일양에서 약 30~40% 정도로 계산합니다. 평균적으로는 33%를 사용합니다.

• 첨가물 종류 및 양 계산

보존제는 5~10g, 분말류는 10~30g 정도가 적당합니다.

• 아로마 오일

총 비누 분량의 1~3% 정도로 계산합니다.

─────── 제작 용어

• 디스카운트(Discount) = 수산화나트륨 디스카운트

필요한 가성소다의 양을 줄이는 방법입니다. 가성소다를 줄이면 오일의 일부가 비누화되지 않아 순하고 부드러운 비누를 만들 수 있습니다. 디스카운트의 양은 5~10%의 가성소다를 줄이는 것인데 너무 많이 줄이게 되면 완전한 비누화가 되지 않거나 산패가 될 우려가 있으니 디스카운트를 많이 진행한 경우에는 보존제나 비타민E를 넣어줍니다.

• 비누화

알칼리에 의해 지방이 가수분해되어 비누와 글리세린으로 만들어지는 과정을 의미합니다.

• 슈퍼팻(Superfat) = 오일 슈퍼팻

비누화된 베이스 오일 외에 추가로 기능성 오일을 첨가해 비누화되지 않은 오일을 남기는 방법입니다. 순하고 영양이 풍부한 비누를 만들 수 있는 방법으로 너무 많은 양의 슈퍼팻은 비누의 산패를 촉진시킬 수 있으니 총 오일양의 1~3%를 넣어줍니다.

• 트레이스

물과 가성소다 그리고 오일이 비누로 변화하는 과정에서 나타나는 자국을 의미합니다. 비누액이 걸쭉해져 마요네즈보다 조금 덜 한 상태의 점성으로 변하고 비누 용액을 떨어뜨렸을 때 자국이 남아 있는 상태를 말합니다.

• 보온

CP 비누를 만든 후 비누액을 몰드에 담으면 비누화 진행에 따른 화학반응에 의해 스스로 열이 발생합니다. 이 열이 떨어지면 좋은 비누가 되지 않기 때문에 열이 급격하게 떨어지지 않도록 수건이나 담요로 감싸주는 것을 보온이라고 합니다. 그렇다고 해서 일부러 열을 더 가해 줄 필요는 없습니다.

• 젤 화

보온을 할 때 비누액의 온도가 높아지거나 트레이스가 많이 진행된 비누에 나타나는 현상으로 비누가 투명감을 띄는 것을 말합니다. 비누가 순하고 사용감이 부드러울 수 있지만, 산패가 빨리 진행된다는 단점이 있습니다.

• 건조

보온이 끝난 비누는 반드시 통풍이 잘 되며 선선한 곳에서 건조과정을 거쳐야 합니다. 이 과정을 통하여 비누 속에 남아있던 알칼리 성분들의 비누화가 완성되며 글리세린이 생성됩니다. 오래 잘 건조시킨 비누는 사용감이 뛰어나답니다.

──── 비누 만들기의 전체적인 과정

1. 필요한 재료와 도구를 준비하고, 앞치마, 장갑, 토시, 마스크 등의 작업 복장을 준비합니다. 비누 작업이 시작되면 중간에 중단할 수 없으니 작업에 필요한 준비물은 미리 준비하고 작업에만 집중할 수 있도록 해야 합니다.
2. 에센셜 오일과 첨가물을 미리 계량하여 준비합니다.
3. 굳은 베이스 오일을 녹이고 레시피에 맞게 오일을 모두 계량합니다.
4. 가성소다와 정제수를 계량하고, 정제수에 가성소다를 넣고 녹여 가성소다 수용액을 만들어줍니다.
5. 계량한 오일에 가성소다 수용액을 넣은 후 섞어줍니다.
6. 에센셜 오일과 첨가물을 넣은 후 섞어줍니다.
7. 몰드에 부어줍니다.
8. 비누의 반응이 잘 일어날 수 있도록 24~48시간 동안 상자에 넣어 뚜껑을 닫은 후 보온합니다.
9. 보온이 끝나면 틀에서 꺼내 잘라준 후, 1개월 이상 숙성, 건조시키면 완성입니다.

도구

비누를 만들 때 사용하는 도구들은 주방에서 사용하는 도구와 비슷합니다. 하지만 겸용하여 사용하지 않도록 따로 준비해서 사용하는 것이 좋습니다.

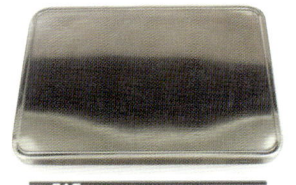

저울

오일이나 분말 등의 정확한 측정이 가능하도록 전자식 저울을 사용하는 것이 좋습니다.

핫플레이트

비누 베이스나 오일을 녹이거나 온도를 높일 때 사용합니다.

스테인리스 비커

알루미늄이나 철, 동 등의 소재는 화학반응을 일으킬 수 있으니 사용하지 않습니다.

플라스틱 비커

색색의 비누액을 만들어 담아놓을 때 사용합니다. 또는 오일 등을 계량할 때 사용합니다.

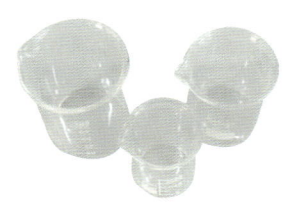

유리 비커

오일이나 첨가물을 계량할 때 사용합니다.

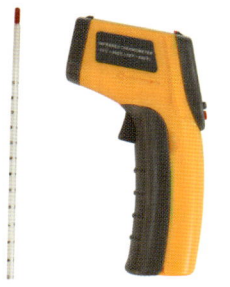

온도계

오일, 비누액, 가성소다 등의 온도를 측정할 때 사용합니다. 일반 유리 온도계나 적외선 온도계 중 아무거나 사용해도 무방합니다.

주걱

비누액을 섞어줄 때 사용합니다. 일반적으로 실리콘 주걱을 많이 사용하며, 다양한 크기의 주걱을 준비하는 것이 좋습니다.

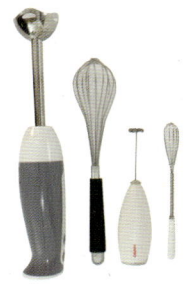

핸드블렌더 & 거품기

오일이나 비누액을 섞어줄 때 사용합니다. 회전이 너무 빠른 블렌더는 비누액을 섞을 때 기포가 발생할 수 있습니다.

스푼 & 포크

재료를 섞거나 비누의 윗면에 모양을 내줄 때 사용합니다.

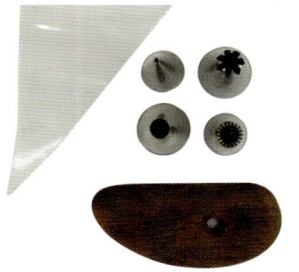

짤주머니 & 깍지

여러 모양의 깍지로 다양한 디자인을 할 수 있습니다. 깍지가 없다면 마요네즈 뚜껑 등을 사용해도 좋습니다.

몰드

비누액을 담아 굳힐 때 사용합니다. 기본 직사각형 몰드부터 속비누용 몰드까지 다양한 모양의 몰드가 있습니다.

비누 커터기

건조까지 완료된 비누를 일정한 크기로 잘라줄 때 필요한 도구입니다. 일반 칼과 도마를 사용해도 좋습니다.

보온용 담요 및 상자

비누를 보온할 때 사용합니다. 일반 상자 또는 스티로폼 상자를 사용해도 좋습니다.

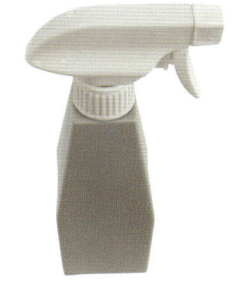

에탄올

몰드를 사용하기 전 에탄올을 뿌려 소독하는 데 사용합니다. 에탄올과 정제수를 7.5 : 2.5로 섞어 사용합니다.

앞치마

비누를 만들다 보면 비누액이 튀어 주변이 지저분해질 때가 많습니다. 옷에 튀는 것을 방지하기 위해 앞치마를 꼭 매주어야 합니다.

장갑 & 토시

비누액을 만들 때 손을 보호하기 위해 장갑과 토시를 착용합니다.

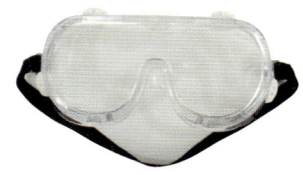

보호안경

가성소다를 사용할 때는 가스가 발생하기 때문에 눈을 보호하기 위해 보호안경을 착용합니다.

재료

오일

오일은 비누의 주성분으로 주로 식물성 오일이 사용되며, 오일의 종류와 배합에 따라 피부에 미치는 영향과 거품의 상태 및 사용감이 달라집니다.

오일의 종류

• 코코넛 오일

코코넛 오일은 코코야자 종자에서 추출한 오일로 비누의 거품을 풍부하게 하고 세정력이 뛰어나다는 장점이 있습니다. 다량 함유된 라우르산이 피부 면역력에 도움을 주며 보습 및 노화 방지에도 효과가 있습니다. 비누를 단단하게 만들어주는 성질을 가지고 있어 비누화가 안정적으로 잘되며 산화에도 안정적이므로 비누 제조에 가장 많이 사용하는 오일입니다.

• 팜 오일

비누 만들기에서 중요한 베이스 오일로서 비누를 단단하게 하고 조밀한 거품을 만들어주는 오일입니다. 코코넛 오일과 함께 가장 많이 사용되며, 실온에선 고체이지만 고온에서는 액체로 변하는 특성이 있습니다. 비누 제작 시 비누화 반응이 빠르며 올레인산을 포함하고 있어 보습에 도움을 줍니다.

• 올리브 오일

불포화지방산인 올레인산의 함유량이 높은 오일로서 보습효과가 뛰어나며 피부를 윤기 있고 매끄럽게 가꾸어줍니다. 특히 건성, 트러블, 민감성, 노화피부에 많이 사용되는 오일입니다. 올리브 오일을 주재료로 만든 카스틸 비누와 마르세유 비누는 비교적 순해 아기나 민감성 피부에 많이 사용하며, 트레이스가 천천히 나는 특징이 있습니다.

• 미강유

쌀겨에서 추출한 미강유는 가벼운 느낌으로 끈적임이 없으며 피부에 잘 흡수된다는 장점을 가지고 있습니다. 필수지방산과 항산화 작용을 하는 비타민E를 함유하고 있어 노화방지 및 보습효과가 매우 뛰어나며, 비누를 만들 때 트레이스가 잘 나는 특징이 있습니다.

• 살구씨 오일

모든 피부 타입에 적합하고 건조한 피부에 쉽게 흡수되어 페이스 마사지용으로 좋은 오일입니다. 토코페롤, 비타민, 미네랄이 풍부하여 각질제거와 피부 톤 개선에 탁월한 효능이 있으며, 민감하고 가려운 피부에 진정 효과가 있습니다.

• 피마자 오일

점도가 매우 높아 끈적거리며 비누를 단단하게 해주고 거품을 오래 유지시켜줍니다. 건조하거나 노화된 피부, 면역력이 약한 피부에 도움을 주며 보습효과가 있습니다. 트레이스가 잘 일어나는 오일 중 하나입니다.

• 해바라기씨 오일

피부에 빠르게 흡수되고 발랐을 때 느낌이 가벼워서 사용 후 피부가 매끄러운 느낌을 주며, 피부 보호 작용이 있어 트러블이 있는 부위에 사용하면 효과적입니다. 비타민A, D, E와 오메가 9이 풍부하고 리놀렌산과 필수지방산을 함유하고 있으며 세포의 구성 성분인 레시틴을 함유하고 있기 때문에 피지를 조절하는 능력을 가지고 있어 지성 피부에 잘 맞는 오일입니다.

• 포도씨 오일

끈적임이 적고 피부에 잘 흡수되며 유분이 적은 오일로 지성 피부와 여드름 피부에도 편하게 사용할 수 있는 오일입니다. 항산화 효능을 가진 토코페롤과 카테킨이 함유되어 노화 방지에 도움이 되며 비누 제작 시 산패를 막아 보존기간을 늘려주는 효과가 있습니다.

• 달맞이꽃 종자 오일

진정, 상처 치유, 건조증 완화 등의 특징이 있습니다. 필수지방산이 풍부하여 아토피와 습진 등의 피부 질환을 없애는 데 효과적입니다.

• 아보카도 오일

숲 속의 버터라는 별명을 가진 오일로 비타민A, B1, B2, B5, D, E, 미네랄, 단백질, 레시틴 등의 영양소가 풍부하게 함유되어 있어 건조하고 민감한 피부 및 노화 피부의 영양 공급에 도움이 됩니다.

• 로즈힙 오일

노화 피부를 개선하는 데 효과가 있어 마사지 오일로 많이 사용됩니다. 오렌지의 20배에 달하는 비타민C 성분이 손상된 피부를 회복시키는 데 좋고, 피부 세포의 기능과 신진대사를 활발하게 하는 기능이 있으므로 피부 주름 개선 효과 및 노화 피부에 효과적입니다.

• 홍화씨 오일

피부 재생 효과, 노화 예방 효과를 가진 미네랄과 단백질이 풍부한 오일입니다. 리놀레산과 항산화 효과를 가진 비타민E를 다량 함유하고 있어 노화방지에 도움이 되고 수분과 영양을 공급하여 피부 미용에 효과적입니다.

• 시어버터

시어버터는 보습효과가 뛰어나 적은 양으로도 충분한 보습효과를 느낄 수 있습니다. 건성 피부, 피부염, 피부의 염증, 화상, 임신선 등 여러 피부에 적용 가능하고, 비누의 거품을 부드럽고 풍부하게 만들어 주는 특징이 있습니다.

• 마카다미아넛 오일

인체의 지방산과 유사하며, 피부 친화성이 좋아 피부에 직접 바를 수 있는 보습제로 적합한 오일입니다. 피부에 침투하기 쉽기 때문에 피부를 부드럽게 해주며, 혈액이나 림프액의 흐름을 활발하게 합니다. 피지 생성이 감소되는 노화된 피부와 건조한 피부에 매우 도움이 되며, 다른 오일에 비해 쉽게 산화하지 않아 오래 보관할 수 있습니다.

지방산의 종류

지방산은 오일을 구성하고 있는 성분으로 탄소와 수소의 결합으로 이루어져 있습니다. 포화지방산과 불포화지방산으로 나눌 수 있는데, 포화/불포화 상태는 이중결합의 수로 결정됩니다.

포화지방산은 이중결합이 없고 주로 동물성 오일의 구성 성분이지만 특이하게 코코넛 오일과 팜 오일은 식물성 오일임에도 불구하고 포화지방산 함량이 높은 오일입니다. 상온에서 고체이며 비누를 단단하게 하고 거품이 많이 생기는 특징을 가지고 있습니다.

불포화지방산은 분자구조 내에 수소의 수가 탄소의 수보다 적어 포화가 덜 되어 있습니다. 이중결합이 많은 상태로 상온에서 액체의 형태이며 보습력을 높여주는 특징이 있습니다.

지방산의 특징

1. 미리스트산(Myristic Acid) : 단단하고 강한 세정력, 풍부한 거품
2. 라우르산(Lauric Acid) : 단단하고 강한 세정력, 풍부한 거품, 자극성이 있으나 알레르기 반응 없음
3. 팔미트산(Palmitic Acid) : 단단하고 안정적인 거품
4. 스테아르산(Stearic Acid) : 단단하고 안정적인 거품
5. 올레인산(Oleic Acid) : 비누와 화장품에 함유되어 있는 영양성분을 피부에 침투시킴
6. 리놀레산(Linoleic Acid) : 보습효과, 피부 컨디셔닝
7. 리시놀레산(Ricinoleic Acid) : 보습효과, 지속적이고 풍부한 거품

구분	지방산	단단함	세정력	거품	보습력	거품의 안정성
포화지방산	미리스트산	●	●	●		
	라우르산	●	●	●		
	팔미트산	●				●
	스테아르산	●				●
불포화지방산	올레인산				●	
	리놀레산				●	
	리시놀레산			●	●	

오일별 지방산의 구성비

구분	미리스트산	라우르산	팔미트산	스테아르산	올레인산	리놀레산	리시놀레산
코코넛 오일	15~23%	39~54%	6~11%	1~4%	4~11%	1~2%	
팜 오일			43~45%	4~5%	35~40%	9~11%	
올리브 오일			7~14%	3~5%	68~81%	5~15%	
미강 오일			13~23%	2~3%	32~38%	32~47%	
살구씨 오일			4~7%		58~74%	20~34%	
피마자 오일					3~4%	3~4%	90%
해바라기씨 오일			7%	4%	16%	70%	
포도씨 오일			5~11%	3~6%	12~28%	58~78%	
달맞이꽃 종자 오일			7%	2%	6~11%	68~80%	
아보카도 오일			7~32%	2%	36~80%	6~18%	
로즈힙 오일			4%	2%	12~13%	35~40%	
홍화씨 오일			6~7%		10~20%	70~80%	
마카다미아넛 오일			7~10%	2~6%	54~63%	1~3%	
시어버터			3~7%	36~45%	40~55%	3~8%	

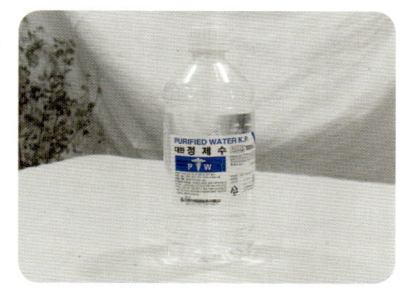

정제수(물)

정제수는 수산화나트륨을 녹여서 오일과 쉽게 반응하도록 도움을 줍니다. 보통 전체 오일양의 30~40%를 사용하고 (보통 33%) 최종 건조 후 12~15% 정도가 비누에 남아있습니다. 불순물이 없는 증류수, 정제수를 사용하지만 정수기 물을 사용해도 무방하며, 미네랄이 풍부한 물의 경우에는 가성소다와 반응 후 비누의 산패에 영향을 줄 수 있으므로 피하는 것이 좋습니다. 물 대신 우유, 산양유, 막걸리, 맥주, 와인, 한방수 등의 수상층 원료로 대체하여도 좋습니다.

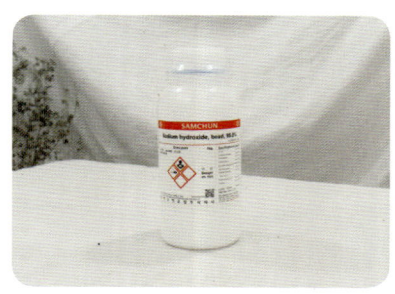

가성소다

가성소다는 양잿물이라고도 하며 화학명은 수산화나트륨입니다. PH14의 강알칼리성이므로 취급 시 주의가 필요하니 가성소다를 사용할 때는 반드시 장갑, 토시, 마스크, 안경을 착용해야 합니다. 각각의 오일마다 비누화가 되기 위해 필요로 하는 가성소다의 양을 비누화 값이라고 합니다.

가성소다 계산하기

가성소다 구하는 기본 공식

오일양 × 비누화 값 = 가성소다 양

예 올리브 오일 $750g × 0.134 = 100.5g$

가성소다 순도 적용 및 원하는 디스카운트 대입

(오일양 × 비누화 값) × 가성소다 순도
× 원하는 DC값 = 가성소다 양

예 올리브 오일 : 750g
올리브 오일 비누화 값 : 0.134
가성소다 순도 : 98%
DC : 5%

$(750 × 0.134) × (1 / 0.98) × 0.95 = 약 97g$

오일 별 비누화 값

오일 1g을 비누화 시키는 데 필요한 가성소다의 양

오일	가성소다 값	오일	가성소다 값
코코넛	0.183	로즈힙	0.133
팜	0.142	소이빈	0.136
포도씨	0.1265	망고버터	0.137
피마자	0.1286	블랙세서미	0.134
햄프시드	0.1345	면실	0.138
올리브(퓨어)	0.134	스테아르	0.148
올리브(버진)	0.133	바오밥	0.143
해바라기씨	0.134	시어버터	0.128
유채꽃	0.133	비즈왁스	0.069
코코아버터	0.138	헤이즐넛	0.1356
피넛	0.136	호호바	0.069
윗점	0.13	홍화씨	0.136
살구씨	0.135	메도우폼시드	0.12
라놀린	0.076	옥수수	0.136
동백	0.139	라드	0.141
달맞이꽃 종자	0.135	보리지	0.1358
녹차씨	0.137	체리시드	0.135
님	0.139	커피버터	0.128
미강	0.128	아마씨	0.135
스위트 아몬드	0.136	밍크	0.14
마카다미아넛	0.139	월넛	0.135

첨가물

• 에센셜 오일

비누에 향을 내기위해 사용하는 오일입니다. 오일의 종류에는 에센셜 오일과 프래그런스 오일이 있는데, 프래그런스 오일은 특정 향을 인위적으로 만들어낸 인공적인 향이고, 에션셜 오일은 식물의 꽃, 줄기, 잎, 뿌리 등에서 추출한 향입니다. 프래그런스 오일에 비해 발향력과 향 지속력이 약한 특징을 가지고 있고, 비누화가 되는 과정에서 높은 알칼리성으로 인해 손실될 수도 있다는 단점을 가지고 있습니다. 에센셜 오일은 한 가지를 사용하는 것보다 두 가지 이상의 오일을 블렌딩하여 사용하는 것이 효능적인 면이나 발향력에서도 더욱 효과적입니다.

– 에센셜 오일 향기 그룹

에센셜 오일을 같은 그룹끼리 블렌딩하면 잘 어울리고 향이 강해진다는 특징이 있습니다. 이웃하고 있는 그룹의 에센셜 오일과 블렌딩하여도 좋습니다.

허브 계열	바질, 클라리세이지, 마조람, 페퍼민트, 스피아민트, 로즈마리, 펜넬, 타임 등
시트러스 계열	오렌지, 레몬, 자몽, 라임, 레몬그라스, 버가못, 만다린 등
플로럴 계열	라벤더, 네롤리, 캐모마일, 제라늄, 자스민, 로즈 등
오리엔탈 계열	샌달우드, 일랑일랑, 베티버, 파촐리 등
수지 계열	벤조인, 프랑킨센스, 미르 등
스파이스 계열	시나몬, 진저, 클로브버드, 블랙페퍼 등
수목 계열	유칼립투스, 시더우드, 티트리, 주니퍼베리, 페티그레인, 파인, 로즈우드 등

- 에센셜 오일 블렌딩하기

에센셜 오일의 종류마다 향이 퍼지는 속도나 지속되는 시간이 다르고, 이것에 따라 탑 노트(Top Note), 미들 노트(Middle Note), 베이스 노트(Base Note)로 나눌 수 있습니다.

탑 노트는 휘발성이 강해 향이 잘 날아가고, 미들 노트는 중심이 되는 향, 베이스 노트는 향 전체의 균형을 잡아주는 묵직한 향입니다. 이 3가지를 섞어서 사용하면 좋은 향을 비누에 남길 수 있습니다. 마음에 드는 향을 고르기 위해서는 에센셜 오일을 몇 방울씩 유기 용기에 떨어뜨린 후 향을 맡으면서 블렌딩하면 됩니다.

추천 비율은 탑 노트 : 20~40%, 미들 노트 40~80%, 베이스 노트 : 10~25% 정도입니다.

탑 노트	미들 노트	베이스 노트
레몬, 오렌지, 자몽, 만다린, 버가못, 라임, 레몬그라스, 타임, 유칼립투스, 바질, 스트로넬라, 티트리, 진저, 페티그레인	네롤리, 라벤더, 로즈, 페퍼민트, 로즈마리, 로즈우드, 마조람, 일랑일랑, 제라늄, 캐모마일, 클라리세이지, 파인, 펜넬, 팔마로사	벤조인, 샌달우드, 시나몬, 시더우드, 파촐리, 프랑킨센스, 베티버, 자스민

- 에센셜 오일 사용량

에센셜 오일은 전체 비누액 무게의 0.5%~2% 정도를 사용하는 것이 가장 적당합니다. 예를 들면 1kg의 비누를 만들고 있다면 5g~20g 정도입니다. 저울을 이용하여 계량하거나 보통 1g의 에센셜 오일을 20방울로 계산하므로 방울 수를 세어서 계량하여도 됩니다.

- 에센셜 오일 사용 시 주의점

에센셜 오일을 사용할 때는 유리 용기 또는 스테인리스 용기를 사용해야 합니다. 또한, 원액이 피부에 닿지 않도록 주의하며 임산부나 영유아, 고령자, 병력이 있는 사람 등은 향에 민감하게 반응할 수도 있기 때문에 대상에 따라 오일을 사용하지 않도록 합니다.

• 허브

오일에 담가 성분을 추출하거나 정제수에 넣고 끓여 허브의 효능을 비누에 담아내는데 사용합니다. 비누액에 직접 섞어 장식을 하는 용도로 사용하기도 합니다.

• 천연분말

첨가물이 가지고 있는 고유의 효능을 비누에 담아내기 위해 사용합니다. 비누에 따라 보습과 피부 진정, 노폐물 제거에 좋은 분말을 선택할 수 있습니다. 분말을 바로 비누액에 첨가해도 되지만 포도씨 오일이나 미강 오일 등에 1:2 정도 비율로 섞어 넣어주면 분말을 비누액에 깔끔하게 섞어줄 수 있습니다.

– 천연분말의 효능

천연분말	효능	천연분말	효능
밀싹	맑은 피부 톤, 모공 수축	살구씨	보습, 잡티 억제
파프리카	풍부한 비타민C, 미백	카카오	보습
카렌듈라	가려움 진정, 피부 자극 완화	숯	모공 속 노폐물 제거
그린머드	피지 흡착, 독소 배출	녹차	여드름 완화, 피부 진정, 기미&주근깨 완화
어성초	여드름 완화, 소염, 피부 보호	칼라민	가려움 진정, 소염, 피부 보호
율피	여드름 완화, 모공 관리, 피지 제거, 각질 제거	곡물	피지 제거, 각질 제거
호박	피부 유연 작용, 보습, 노화 예방, 주름 완화	황토	모공 속 노폐물 제거
청대	항균, 항염	핑크 클레이	피부 유연 작용, 피부결 강화
모링가	항염, 항산화	유노하나	가려움 진정, 보습
진피	가려움 진정, 보습	클로렐라	노화 예방, 주름 완화, 각질 제거, 피지 제거

• 색소

비누에 자주 사용되는 재료로 비누에 색을 더해주기 위해 사용됩니다. 이 책에서 주로 사용되는 색소는 옥사이드로 광물에서 얻어지는 원료에서 위험한 물질 및 불순물을 제거하여 깨끗하고 안전한 상태로 만든 재료입니다. 이렇게 만들어진 옥사이드는 천연성분과 같은 색소로 분류할 수 있습니다. 소량으로도 선명한 색을 낼 수 있으며 변색이 없고 색이 일정하게 유지되어 비누에 원하는 색을 낼 수 있다는 장점이 있습니다. 오일(포도씨 오일이나 미강 오일)에 1:2~3 정도의 비율로 섞어서 사용합니다. 오일에 섞을 때 미니 거품기를 이용해서 섞어주면 뭉치지 않게 섞을 수 있으며, 색소 입자가 깔끔하게 녹지 않은 경우 티백에 걸러서 사용해주면 깔끔하게 색을 낼 수 있습니다. 사용 후 남은 것은 냉장 보관합니다.

레시피

비누 제조에서 레시피는 자신의 목적에 맞는 비누를 만들 수 있는 가장 중요하고 기본이 되는 부분입니다. 직접 레시피를 만들 수 있다면 세상에 하나밖에 없는 비누를 만들 수 있죠. 사람마다 좋아하는 비누의 특징과 사용감이 다르므로 레시피의 기준은 달라질 수 있으니 가장 기본적으로 사용하는 레시피를 알려드리겠습니다.

─────── **코코넛 오일과 팜 오일, 그 외 보습 오일의 비율로 기준을 잡는 방법**

코코넛 오일과 팜 오일은 다량의 포화지방산을 함유하고 있어 비누염을 생성시킬 수 있는 좋은 조건을 가지고 있습니다. 피부타입에 맞는 세정력은 다르기 때문에 다음과 같이 코코넛 오일과 팜 오일의 비율을 조절하시기 바랍니다. 더욱 풍성한 거품을 만들기 원한다면 피마자 오일을 함께 사용하면 됩니다.

> 베이스 오일 750g 기준
> 아기, 민감성 (20% 이하) : 코코넛 오일, 팜 오일 150g / 그 외 오일 600g
> 건성(30~35%) : 코코넛 오일, 팜 오일 250g / 그 외 오일 500g
> 중성(45~50%) : 코코넛 오일, 팜 오일 350g / 그 외 오일 400g
> 지성(60~70%) : 코코넛 오일, 팜 오일 450g / 그 외 오일 300g

베이스 오일의 특성에 따라 원하는 기능의 비누 만드는 방법

비누는 세정력이 기본이지만 코코넛 오일과 팜 오일만으로 비누를 만들면 보습에는 미약할 수 있습니다. 따라서 불포화지방산이 함유된 오일과 혼합하여 비누화시켜 보습력을 높여주어야 합니다. 이 때, 오일은 영양 공급에 좋은 오일을 선택하고 슈퍼팻으로 보습력을 높여줍니다. 사용하는 오일에 따라 비누의 결과는 달라지며, 재료를 바꿔가며 개선해나가다 보면 나에게 맞는 좋은 비누를 만들 수 있게 됩니다.

단단한 비누를 만들기 위한 방법

비누를 단단하게 만들기 위해서는 상온에서 고체 형태를 가진 오일(코코넛 오일, 팜 오일, 시어버터, 코코아버터 등)의 사용량을 늘려주어야 합니다. 또는 소금을 넣어주는 방법도 있는데, 소금을 녹인 정제수에 가성소다를 섞어 제작하는 방법과 비누화 반응이 일어난 비누액에 소금을 넣어주면 무르지 않고 단단한 비누를 만들 수 있습니다.

첨가물을 넣어 기능을 추가하는 방법

베이스 오일 외에 비누에 기능을 추가하는 방법으로 비누에 첨가물을 넣어주는 방법이 있습니다. 첨가물을 넣으면 비누의 기능적인 부분이 더욱 좋아질 수 있기 때문에 각종 천연분말이나 꿀, 요거트, 달걀 등을 넣거나 과일이나 채소를 갈아서 첨가해줄 수 있습니다.

정제수(물) 대신 다른 액체를 첨가하는 방법

가성소다를 녹일 때 사용하는 물은 비누의 기능 향상을 위해 우유나 차, 한방수, 막걸리, 맥주, 와인 등 피부에 좋은 재료들로 변경이 가능합니다. 알코올 성분이 함유된 막걸리, 맥주, 와인 등은 끓여서 알코올 성분을 날려준 후 차갑게 식히거나 살짝 얼려서 사용하고, 우유나 산양유 등의 유제품은 가성소다로 인해 단백질이 변할 수 있기 때문에 완전히 얼려서 사용합니다. 차는 끓여서 차갑게 식힌 후 사용합니다. 하지만 정제수(물) 보다 작업하기 까다롭기 때문에 충분한 연습을 통해 익숙해진 후 사용합니다.

―――――피부 타입에 따른 베이스 / 에센셜 오일

피부 타입	베이스 오일	에센셜 오일
건성	아보카도, 올리브, 달맞이꽃 종자, 동백, 호호바, 피마자, 스위트 아몬드, 마유, 카렌듈라, 마카다미아넛, 카놀라	라벤더, 발마로사, 파촐리, 일랑일랑, 샌달우드, 로즈우드, 제라늄, 네롤리
아토피	올리브, 호호바, 달맞이꽃 종자, 아보카도, 동백, 미강, 햄프시드, 카렌듈라, 윗점, 밍크, 미우, 시어버터, 아르간, 타마누, 로즈힙, 아마씨	캐모마일, 라벤더, 티트리, 제라늄, 샌달우드
지성	올리브, 호호바, 해바라기씨, 포도씨, 녹차씨, 피마자, 세인트 존스워트, 헤이즐넛, 스위트 아몬드	라벤더, 프랑킨센스, 버가못, 레몬, 쥬니퍼 베리, 사이프러스, 만다린, 티트리, 그레이프플롯, 제라늄
여드름	올리브, 호호바, 해바라기씨, 포도씨, 녹차씨, 살구씨, 스위트 아몬드, 연꽃, 아보카도, 헤이즐넛	버가못, 제라늄, 쥬니퍼베리, 라벤더, 레몬, 타임, 만다린, 페티그레인, 티트리, 로즈마리, 샌달우드, 메이창, 미르, 네롤리, 세이지, 사이프러스, 캐모마일, 파인, 벤조인
노화 예방	올리브, 호호바, 윗점, 로즈힙, 마카다미아넛, 스위트 아몬드, 녹차씨, 피마자, 달맞이, 대두유, 미강, 아르간, 호두씨, 에뮤, 밍크, 포도씨, 보리지	로즈, 네롤리, 프랑킨센스, 펜넬, 로즈우드, 샌달우드, 레몬, 오렌지, 일랑일랑, 미르, 팔마로사
민감성	아보카도, 올리브, 호호바, 마카다미아넛, 달맞이꽃 종자, 살구씨, 스위트 아몬드, 포도씨, 동백	라벤더, 제라늄, 캐모마일, 네롤리, 로즈우드
보습	올리브, 호호바, 동백, 미강, 헤이즐넛, 살구씨, 스위트 아몬드, 아보카도, 로즈힙, 홍화씨	라벤더, 만다린, 로즈우드, 샌달우드

───────피부타입 별 추천 레시피

피부타입 별 추천 오일 레시피입니다. 어떤 오일을 선택해야할지 어려울 땐 추천 레시피를 보며 참고 해보세요.

건성 피부	코코넛 오일 160g 팜 오일 150g 올리브 오일 150g 살구씨 오일 150g 미강 오일 90g 시어버터 50g	코코넛 오일 170g 팜 오일 160g 올리브 오일 150g 마카다미아넛 오일 120g 스위트 아몬드 오일 100g 포도씨 오일 50g
지성 피부	코코넛 오일 220g 팜 오일 200g 올리브 오일 100g 해바라기씨 오일 100g 포도씨 오일 80g 피마자 오일 50g	코코넛 오일 220g 팜 오일 220g 녹차씨 오일 120g 해바라기씨 오일 90g 포도씨 오일 70g 헤이즐럿 오일 30g
민감성 피부	코코넛 오일 180g 팜 오일 170g 올리브 오일 150g 달맞이꽃 종자 오일 100g 해바라기씨 오일 100g 아보카도 오일 50g	코코넛 오일 190g 팜 오일 180g 카렌듈라 침출유 130g 동백 오일 100g 살구씨 오일 100g 호호바 오일 50g
아기용	코코넛 오일 150g 팜 오일 140g 올리브 오일 200g 아보카도 오일 120g 달맞이꽃 종자 오일 100g 시어버터 40g	코코넛 오일 90g 팜 오일 80g 올리브 오일 330g 시어버터 150g 햄프시드 오일 100g
노화 피부	코코넛 오일 190g 팜 오일 180g 올리브 오일 120g 로즈힙 오일 80g 홍화씨 오일 120g 시어버터 60g	코코넛 오일 170g 팜 오일 170g 올리브 오일 150g 아보카도 오일 120g 윗점 오일 80g 포도씨 오일 60g

──────디자인 비누 추천 레시피

• 레시피 1

비누화가 천천히 진행되어 묽은 상태로 작업하는 디자인에 사용합니다.

1kg 비누용 베이스 오일 750g	코코넛 오일 170g 팜 오일 160g 올리브 오일 150g 해바라기씨 100g 살구씨 120g 포도씨 50g	500g 비누용 베이스 오일 375g	코코넛 오일 85g 팜 오일 80g 올리브 오일 75g 해바라기씨 50g 살구씨 60g 포도씨 25g

• 레시피 2

일반적인 디자인의 비누에 사용합니다.

1kg 비누용 베이스 오일 750g	코코넛 오일 190g 팜 오일 170g 올리브 오일 150g 미강유 120g 살구씨 50g 피마자 오일 40g 시어버터 30g	500g 비누용 베이스 오일 375g	코코넛 오일 95g 팜 오일 85g 올리브 오일 75g 미강유 60g 살구씨 25g 피마자 오일 20g 시어버터 15g

• 레시피 3

비누액의 점도가 높아야 하는 비누에 사용합니다.

1kg 비누용 베이스 오일 750g	코코넛 오일 210g 팜 오일 200g 미강유 120g 올리브 오일 100g 피마자 오일 40g 해바라기씨 50g 포도씨 30g	500g 비누용 베이스 오일 375g	코코넛 오일 105g 팜 오일 100g 미강유 60g 올리브 오일 50g 피마자 오일 20g 해바라기씨 25g 포도씨 15g

저온법(Cold Process) 비누 만들기

이 책에서 설명할 모든 비누 만들기의 기본이 되는 'Step 1. 오일과 가성소다 수용액 섞어주기'와 비누를 완성한 후 보온, 건조하는 'Step 3. 마무리' 과정입니다. 기본이 되는 과정들을 모두 설명했으니 참고하며 만들어보세요.

Step 1. 오일과 가성소다 수용액 섞어주기(비누액 교반하기)

1. 베이스 오일을 계량한 후 40℃ 정도의 온도를 유지시켜줍니다.

2. 가성소다와 정제수를 계량한 후 정제수에 가성소다를 조금씩 넣어주며 완전히 녹을 때까지 충분히 저어줍니다. 가성소다 수용액의 온도는 40℃로 유지시켜줍니다.

> **TIP**
>
> 꼭 정제수(물)에 가성소다를 넣어주세요. 가장 중요한 포인트입니다!

3. 가성소다 수용액을 체에 거르고 오일에 넣어줍니다.

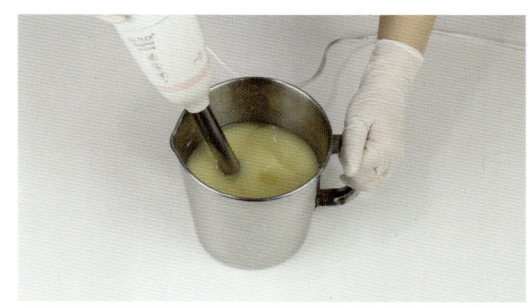

4. 핸드 블렌더로 비누액을 교반해줍니다.

5. 방부 효과가 있는 비타민E를 넣어줍니다.

6. 계량한 에센셜 오일을 넣어줍니다.

Step 3. 마무리

1. 완성된 비누의 몰드 뚜껑을 덮고 2일(48시간) 정도 스티로폼 박스에 넣거나 수건으로 감싸 보온해줍니다. 48시간 후 몰드에서 비누를 꺼내면 깔끔하게 꺼내집니다.

2. 비누를 원하는 크기로 자른 후 직사광선을 피해 환기가 잘되는 곳에서 4~6주 이상 건조시켜줍니다. 4~5일마다 한 번씩 비누를 뒤집어 골고루 건조되도록 신경쓰면 비누의 상태가 더욱 좋아집니다.

분말과 오일 섞기

1. 분량의 분말을 계량합니다.

2. 분말의 1~2배의 오일을 넣어줍니다. 이때 사용하는 오일은 해바라기씨 오일, 포도씨 오일, 피마자 오일 등이 무난하고, 다른 베이스 오일을 사용해도 좋습니다.

3. 분말과 오일을 잘 섞어줍니다. 분말 알갱이가 남지 않도록 꼼꼼하게 섞어줍니다.

원형 비누 만들기

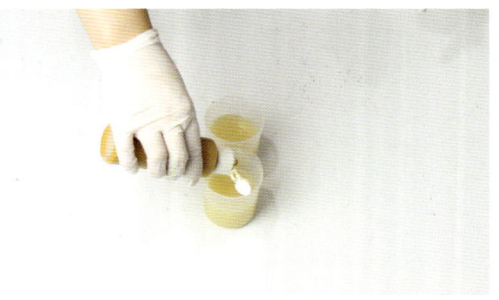

1. 교반한 비누액에 원하는 색의 첨가물을 넣어 섞어줍니다.

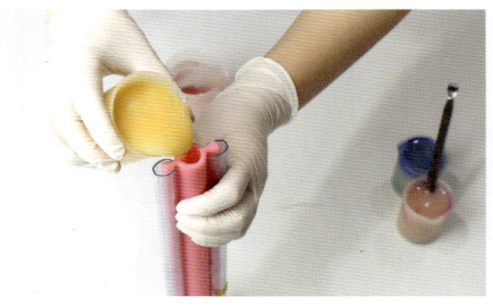

2. 속비누용 긴 원형 몰드에 비누액을 넣어줍니다.

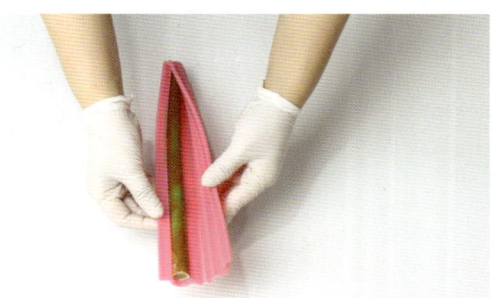

3. 24시간 이상 보온 후 몰드에서 꺼내 사용하면 됩니다.
   필요한 날 3~4일 전에 만들어 놓으면 적당합니다.

작업을 할 때
주의사항

주의사항

• 사용할 재료와 도구 준비

비누 작업은 중간에 쉬거나 다른 일을 동시에 하면서 작업할 수 없습니다. 비누 작업의 성공 여부는 70~80% 준비에 달려있다고 해도 무방합니다. 그렇기 때문에 문제없이 비누 만들기에만 전념할 수 있도록 비누에 필요한 모든 도구와 재료들을 미리 준비해두세요. 몰드와 디자인에 필요한 도구를 작업대 위에 꺼내두고 굳어 있는 오일이 있다면 미리 녹여두고, 에센셜 오일이나 색소 등의 첨가물은 미리 준비하도록 합니다.

• 정확한 계량

재료 계량을 잘못하면 비누 만들기를 실패할 수 있습니다. 주재료와 첨가물 모두 레시피에 있는 만큼의 용량을 정확히 넣을 수 있도록 신경써서 작업해주세요.

• 작업대와 작업 복장

작업대 위는 신문이나 비닐로 덮어주세요. 앞치마로 몸을 보호하고 토시와 라텍스 장갑 또는 고무장갑을 착용하여 가성소다로부터 피부를 보호해주세요. 작업 중에는 위험할 수 있으므로 어린 아이와 반려동물들의 접근을 통제해야 합니다.

• 가성소다 취급 방법

가성소다는 단백질을 녹이는 성질이 있어 매우 위험한 재료입니다. 피부에 닿으면 화상을 입고, 들이마시면 체내 점막을 손상시킬 수 있습니다. 그러므로 작업실은 환기가 잘 되도록 하고 고무장갑, 앞치마, 마스크 등을 착용 후 작업하도록 하세요. 만약 가성소다가 피부에 묻었다면 곧바로 비누로 씻어줍니다. 가성소다는 사용 후 잘 밀봉하여 서늘하고 빛이 들지않는 그늘에서 보관합니다.

Q 비누 표면이 끈적거려요.

A 비누를 만들 때 오일 슈퍼팻이 많이 되었거나, 보온 시에 온도가 높아 표면으로 오일이 올라온 경우입니다. 표면을 잘 닦은 후 건조해주세요.

Q 보온 후 비누 표면이 하얀 가루가 묻은 것처럼 변했는데 무엇인가요?

A 비누액을 교반할 때 온도가 낮거나, 보온 중 온도가 낮아진 경우 비누 표면이 하얗게 됩니다. 사용하는 데는 문제가 없으니 그냥 사용해도 무방합니다. 신경 쓰인다면 얇게 깎아내고 사용해도 좋아요.

Q 비누 표면에 맺힌 물방울은 무엇인가요?

A 비누 속 글리세린 성분은 공기 중의 수분을 빨아들이는 성질이 있습니다. 습도가 높은 환경인 경우에 종종 보실 수 있는데요. 휴지로 잘 닦아낸 후 건조하면 됩니다.

Q 비누 표면의 갈색 점은 무엇인가요?

A 비누가 산패되면 표면에 갈색 점이 생기거나 얼룩이 생깁니다. 또한 산패된 비누에서는 변질된 오일의 향이 나기도 합니다. 산패된 비누는 얼룩 부분을 잘라낸 후 사용해도 되지만, 걱정스러우시다면 세탁용이나 청소용으로 사용하세요.

Q 비누의 사용 기한은 어느 정도 되나요?

A 평균 1년 정도로 보관하는 장소의 환경이나 온도, 습도에 따라 많이 차이날 수 있습니다. 바로 사용할 예정이 없다면 잘 밀봉하여 서늘하고 그늘진 곳에 보관해주세요.

Q 완성된 비누가 사용 가능한지 체크할 수 있나요?

A 재료를 정확히 계량하여 정상적인 방법으로 만든 비누는 1개월 정도 건조, 숙성을 시키면 사용하는 데 문제가 없지만, 안전성이 의심된다면 비누 거품을 내어 팔 안쪽에 조금 묻혀주세요. 1~2분 정도 후에도 별다른 이상 반응이 없다면 사용하셔도 됩니다. PH 시험용지로 테스트 하는 방법도 있는데요. PH 8~10 정도이면 사용 가능합니다.

기능성 비누
만들기

피부에 건강함을 주는 다양한 천연재료를 이용해서
기능성 비누를 만들어보세요. 화려하고 예쁘지는 않
지만 투박하고 소소한 매력이 있는 비누랍니다.

숲속의 버터라는 별명을 가지고 있는 아보카도는 비타민,
미네랄, 단백질, 레시틴 등 영양이 풍부하고 순해서 피부 영
양 공급에 도움을 준답니다.

기능성 비누

아보카도 밀싹

🐾 **추천 피부타입**

아이들용
민감성 피부

🐾 **재료**

[베이스 오일]
총 750g
코코넛 오일 100g, 팜 오일 100g, 아보카도 오일 550g

[에센셜 오일]
오렌지 10ml

[가성소다 수용액]
가성소다 102.5g(디스카운트 3%)
정제수 247g

[첨가물]
밀싹 분말 10g, 비타민E 5g

Step 1. '오일과 가성소다 수용액 섞어주기'는 29p, 비누액 교반하기를 참고해주세요.

Step 3. '마무리'는 30p, 마무리 과정을 참고해주세요.

1. 분량의 분말을 계량하여 오일과 섞어 준비합니다.

2. 비누액에 1번을 넣고 섞어줍니다.

3. 비타민E를 넣어줍니다.

4. 몰드에 부어줍니다.

5. 몰드를 3~4번 바닥에 탕탕 쳐서 공기를 뺀 후, 표면
   과 몰드 주위를 정리하면 완성입니다.

• 다른 비누에 비하여 조금 무를 수 있으니 보온이 끝난 후 3~4일 정도 몰드에 그대로 두었다가 꺼낸 후 건조해주세요.

• 재료를 변경해서 올리브 마르세유 비누를 만들어보세요. 만드는 방법은 동일하답니다.

■ 재료
코코넛 오일 100g
팜 오일 100g
올리브 오일 550g
가성소다 103g(디스카운트 3%)
정제수 247g

살구씨에는 비타민이 풍부하게 함유되어 있어 피부의 탄력과
미백에 도움이 되며, 꿀은 살균력이 뛰어나 피부 염증이나 트
러블 진정에 도움이 되고 건조하고 거친 피부를 촉촉하고 매끄
럽게 가꿔줍니다.

기능성 비누

살구 꿀

🦋 추천 피부타입

건성 피부
노화 예방

🦋 재료

[베이스 오일]
총 750g
코코넛 오일 170g, 팜 오일 170g, 올리브 오일 110g, 살구씨 오일 120g, 미강 오일 100g, 피마자 오일 50g, 포도씨 오일 30g

[에센셜 오일]
파촐리 5ml, 스위트 오렌지 15ml

[가성소다 수용액]
가성소다 107g(디스카운트 3%)
정제수 247g

[첨가물]
살구씨 분말 10g, 파프리카 분말 5g, 꿀 20g

Step 1. '오일과 가성소다 수용액 섞어주기'는 29p, 비누액 교반하기를 참고해주세요.

Step 3. '마무리'는 30p, 마무리 과정을 참고해주세요.

1. 분량의 분말을 계량하여 오일과 섞어주고, 분량의 꿀을 준비합니다.

2. 비누액에 꿀을 넣고 섞어줍니다.

3. 비누액을 2등분하여 살구씨와 파프리카 분말을 넣어 섞은 오일을 섞어줍니다.

4. 파프리카를 넣은 비누액을 몰드에 먼저 부어줍니다.

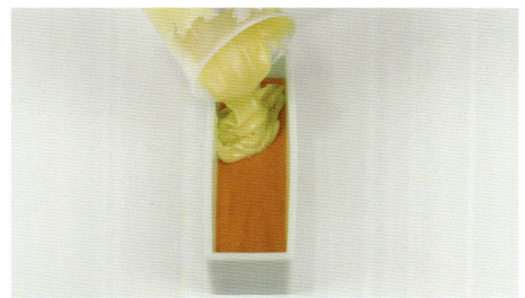

5. 살구씨를 넣은 비누액을 그 위에 부어줍니다.

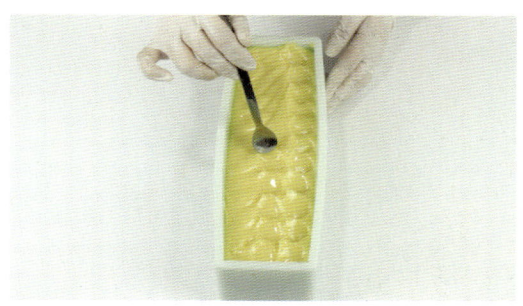

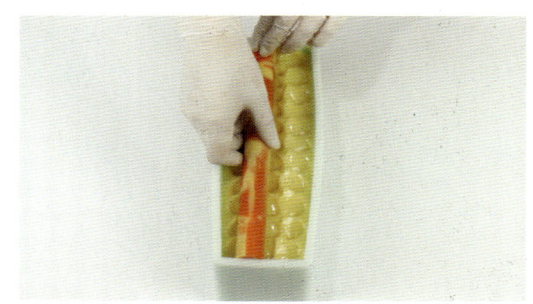

6. 스푼으로 비누의 윗면에 모양을 내줍니다.

7. 미리 만들어둔 원형 비누를 넣어주면 완성입니다.

○─ **Making Note** ─○

스푼으로 모양을 내지 않고 몰드에 에어캡을 깔거나 덮어주어도 예쁜
모양을 만들 수 있어요.

시어버터를 넣어 만든 비누는 거품이 부드럽고 풍부하여 사
용감이 매우 좋습니다. 카카오와 시어버터의 우수한 보습력
은 건조하고 예민한 피부를 보호하여 피부를 촉촉하게 유지
하는데 도움이 됩니다.

카카오 시어버터

🌸 추천 피부타입	**🌸 재료**

🌸 추천 피부타입

건성 피부
예민한 피부

🌸 재료

[베이스 오일]
총 750g
코코넛 오일 180g, 팜 오일 170g, 올리브 오일 100g, 피마자 오일 50g, 포도씨 오일 40g, 시어버터 210g

[에센셜 오일]
라벤더 20ml

[가성소다 수용액]
가성소다 106.6g(디스카운트 3%)
정제수 247g

[첨가물]
카카오 분말 15g

Step 1. '오일과 가성소다 수용액 섞어주기'는 29p, 비누액 교반하기를 참고해주세요.

Step 3. '마무리'는 30p, 마무리 과정을 참고해주세요.

첨가물을 섞고 몰드에 넣어주기

1. 분량의 분말을 계량하여 오일과 섞어 준비합니다.

2. 비누액에 1번을 넣고 섞어줍니다.

3. 몰드에 잘 부어준 뒤, 3~4번 바닥에 탕탕 쳐서 공기를 빼줍니다.

4. 스푼으로 비누 윗면을 봉긋하게 다듬어주면 완성입니다.

○─ **Making Note** ─○────────────────────

스푼의 뒷면을 이용하면 비누를 편하게 정리할 수 있습니다.

소금과 숯은 피부 노폐물 제거에 도움이 되고 곡물은 각질을
정리하는데 효과가 있습니다. 그리고 히말라야 핑크솔트는 마
사지용으로도 제격이랍니다. 풍성한 거품과 뽀득뽀득한 사용
감으로 얼굴 및 바디에 모두 사용하기 좋은 비누입니다.

숯 소금

💧 추천 피부타입

지성 피부

💧 재료

[베이스 오일]
총 750g
코코넛 오일 200g, 팜 오일 200g, 올리브 오일 100g, 미강 오일 100g, 피마자 오일 50g, 해바라기씨 오일 60g, 포도씨 오일 40g

[에센셜 오일]
티트리 10ml, 라벤더 5ml, 레몬 5ml

[가성소다 수용액]
가성소다 109g(디스카운트 3%)
정제수 247g

[첨가물]
숯 분말 5g, 그린머드 7g, 히말라야 핑크솔트(가는 입자) 10~15g, 히말라야 핑크솔트(굵은 입자) 약간

Step 1. '오일과 가성소다 수용액 섞어주기'는 29p, 비누액 교반하기를 참고해주세요.

Step 3. '마무리'는 30p, 마무리 과정을 참고해주세요.

Step 2 첨가물을 섞고 몰드에 넣어주기

1. 분량의 핑크솔트를 계량하고 그린머드와 숯 분말은 오일과 섞어 준비합니다.

2. 비누액을 나누고 핑크솔트를 넣고 섞어줍니다.

3. 마찬가지로 나눈 비누액에 오일과 섞은 분말을 넣고 섞어줍니다.

4. 칸으로 나뉜 몰드에 그린머드를 넣은 비누액을 얇게 넣어줍니다.

5. 그 위에 숯을 넣은 비누액을 넣어줍니다.

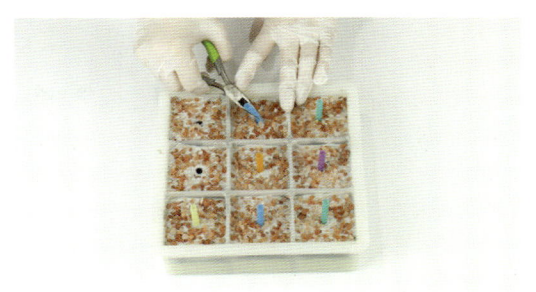

6. 핑크솔트를 넣은 비누액을 넣고 비누에 구멍을 뚫어
   주기 위해 빨대를 몰드 바닥끝까지 꽂아줍니다. 그
   위에 여분의 굵은 핑크솔트를 뿌려줍니다.

7. 비누가 굳으면 빨대를 집게나 펜치로 잡아서 빼냅니
   다. 구멍에 끈을 넣고 묶으면 매달아서 쉽게 사용할
   수 있는 비누가 완성됩니다.

◦ **Making Note** ◦

일반 소금은 보온 과정에서 발생하는 열로 녹아내릴 수 있기 때문에 비누에 사용하기에는 히말라야 핑크솔트가 가장 적
당합니다.

피부를 맑게 해주는 그린티와 항균 작용을 도와주는 어성초
를 사용하여 피부 트러블을 완화시키고 진정하는데 효과가
있는 비누입니다.

그린티 어성초

5

👣 추천 피부타입

지성 피부
여드름 피부

👣 재료

[베이스 오일]
총 750g
코코넛 오일 200g, 팜 오일 190g, 어성초 침출유(해바라기) 100g, 올리브 오일 100g, 녹차씨 오일 60g, 피마자 오일 50g, 포도씨 오일 50g

[에센셜 오일]
티트리 10ml, 라벤더 10ml

[가성소다 수용액]
가성소다 108g(디스카운트 3%), 정제수 147g, 녹차 우린 물 100g

[첨가물]
어성초 분말 10g, 녹차 분말 10g

[기타]
말린 녹차잎

Step 1. '오일과 가성소다 수용액 섞어주기'는 29p, 비누액 교반하기를 참고해주세요.

Step 3. '마무리'는 30p, 마무리 과정을 참고해주세요.

1. 분량의 분말을 계량하여 오일과 섞어 준비합니다.

2. 비누액을 나누고 1번을 넣고 섞어줍니다.

3. 비누액을 몰드에 부어줍니다.

4. 한 스푼씩 교차해서 몰드에 넣어줍니다.

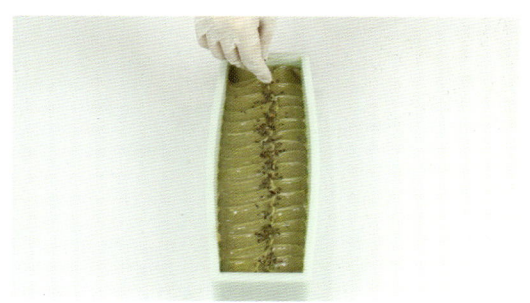

5. 스푼 뒷면을 이용해 비누의 윗면을 봉긋하게 다듬어
   줍니다.

6. 말린 녹차잎을 뿌려주면 완성입니다.

Making Note

이 비누는 정제수 중 일부를 녹차 우린 물을 넣었습니다. 주변에서 쉽게
구할 수 있는 녹차티백을 우려낸 후 정제수와 섞어 사용하면 됩니다.

금잔화라고도 불리는 카렌듈라는 화장품과 비누에 많이 사용되는 재료입니다. 상처 치유와 피부 재생, 항균, 항염 작용을 하는 사포닌과 플라보노이드 성분이 풍부하여 민감하고 예민한 피부 및 손상되고 상처가 있는 피부에 도움이 되는 허브로 알려져 있습니다. 이 레시피에서는 카렌듈라 침출유를 베이스 오일로 사용하였답니다.

기능성 비누

카렌듈라

🌸 추천 피부타입

민감성 피부

🌸 재료

[베이스 오일]
총 750g
코코넛 오일 170g, 팜 오일 160g, 카렌듈라 침출유 170g, 미강 오일 100g,
피마자 오일 50g, 윗점 오일 50g, 달맞이꽃 종자 오일 50g

[에센셜 오일]
라벤더 10ml, 오렌지 10ml

[가성소다 수용액]
가성소다 107g(디스카운트 3%)
정제수 247g

[첨가물]
카렌듈라 분말 15g

[기타]
말린 카렌듈라

Step 1. '오일과 가성소다 수용액 섞어주기'는 29p, 비누액 교반하기를 참고해주세요.

Step 3. '마무리'는 30p, 마무리 과정을 참고해주세요.

1. 분량의 분말을 계량하여 오일과 섞어 준비합니다.

2. 비누액에 1번을 넣고 섞어줍니다.

3. 말린 카렌듈라를 비누액에 넣은 후 잘 섞어줍니다.

4. 몰드에 비누액을 부어주면 완성입니다.

○━ **Making Note** ━○

오일에 카렌듈라 허브를 넣고 2~3주 정도 우려낸 침출유를 베이스 오일 및 슈퍼팻으로 사용했어요. 유리병을 깨끗이 씻은 후 물기를 없애고 허브와 오일을 넣어 해가 잘 드는 곳에서 2~3주 정도 숙성시키면 허브의 유효성분이 추출된답니다. 허브를 걸러낸 오일은 냉장고에 보관하고 빨리 사용해주세요.

요거트의 젖산 성분이 피부의 각질을 녹여주며 카로틴과 비
타민이 풍부한 레드팜 성분이 피부를 부드럽고 촉촉하게 도
와주는 비누입니다.

요거트

추천 피부타입

건성 피부

재료

[베이스 오일]
총 750g
코코넛 오일 180g, 팜 오일 100g, 레드팜 오일 70g, 올리브 오일 150g, 해바라기씨 오일 100g, 포도씨 오일 50g, 살구씨 오일 50g, 시어버터 50g

[에센셜 오일]
파촐리 5ml, 오렌지 10ml, 그레이프 프루트 5ml

[가성소다 수용액]
가성소다 107.7g(디스카운트 3%)
정제수 247g

[첨가물]
요거트 30g, 꿀 10g, 파프리카 분말 5g

Step 1. '오일과 가성소다 수용액 섞어주기'는 29p. 비누액 교반하기를 참고해주세요.

Step 3. '마무리'는 30p. 마무리 과정을 참고해주세요.

1. 분량의 요거트와 꿀을 준비합니다.

2. 비누액을 반으로 나누고 1번을 넣고 섞어줍니다.

3. 2번의 비누액에서 꿀을 넣은 비누액에 파프리카 분말과 섞은 오일을 섞어줍니다.

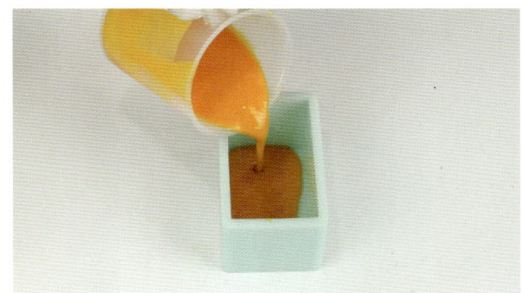

4. 몰드에 파프리카 비누액을 부어줍니다.

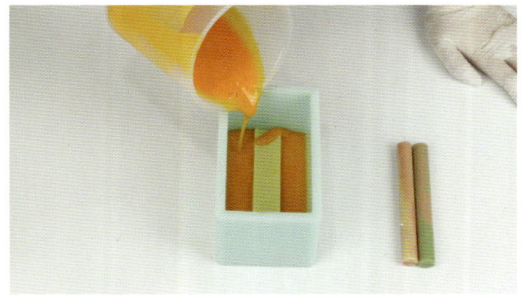

5. 미리 만들어둔 조각 비누를 넣어줍니다. 이 과정은 생략해도 좋습니다.

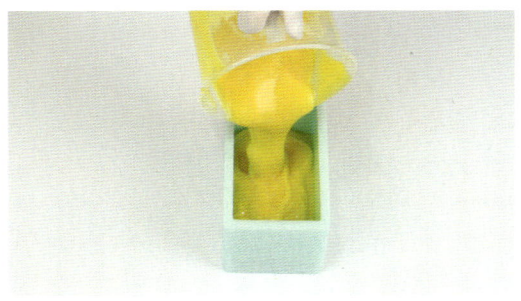

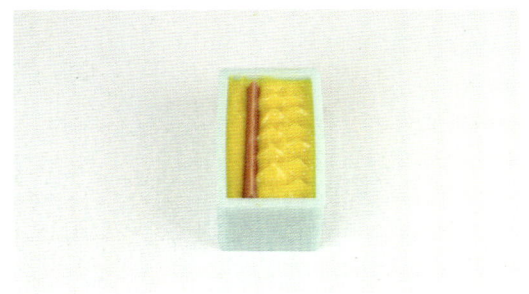

6. 요거트를 넣은 비누액으로 중간에 넣은 조각 비누를 충분히 덮어줍니다.

7. 스푼을 이용하여 비누 윗면을 울퉁불퉁한 모양으로 정리하면 완성입니다.

산양유에 들어있는 AHA 성분이 각질을 녹여주고, 풍부한 거품으로 건조한 피부에 도움이 되는 비누랍니다. 앞선 비누들과 다르게 산양유를 넣은 가성소다 수용액을 이용한 비누이니 천천히 따라하며 만들어보세요.

8
기능성 비누

산양유

👣 추천 피부타입

건성 피부
민감성 피부

👣 재료

[베이스 오일]
총 750g
코코넛 오일 130g, 팜 오일 120g, 올리브 오일 200g, 해바라기씨 오일 100g, 시어버터 100g, 홍화씨 오일 50g, 포도씨 오일 50g

[에센셜 오일]
바질 5㎖, 라벤더 10㎖, 레몬 5㎖

[가성소다 수용액]
가성소다 105g(디스카운트 3%)
산양유 247g

[첨가물]
칼라민 15g, 자몽씨 추출물 4g

Step 1. '투명 속비누 만들기'는 가장 먼저 작업되어야 합니다.

Step 2. 산양유를 이용한 가성소다 수용액을 만들어준 뒤, 비누액을 교반해주세요.

Step 4. '마무리'는 30p. 마무리 과정을 참고해주세요.

Step 1. 투명 속비누 만들기

1. MP 비누 베이스를 작게 잘라 준비합니다.

2. 전자레인지 또는 핫플레이트를 이용해서 녹여줍니다.

3. 몰드에 비누액을 넣고 1~2시간 굳힌 후 꺼내줍니다.

Step 2 산양유를 이용한 가성소다 수용액 만들기

1. 분량의 얼린 산양유를 볼에 담아줍니다.

2. 가성소다를 넣고 함께 저어가며 녹여줍니다.

3. 가성소다와 산양유가 다 녹으면 체에 밭쳐 걸러주고
   오일을 섞어줍니다.

첨가물을 섞고 몰드에 넣어주기

1. 분량의 첨가물과 자몽씨 추출물을 계량하여 오일과 섞어 준비합니다.

2. 비누액에 1번을 넣어 섞고 절반을 몰드에 부어줍니다.

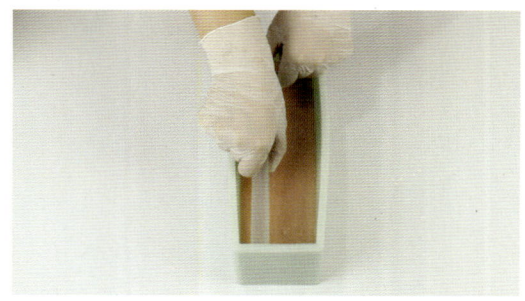

3. 미리 만들어 놓은 MP 투명 비누를 몰드에 넣어주고 남은 비누액을 부어줍니다.

4. 포크를 이용해 비누 윗면에 무늬를 넣어주면 완성입니다.

Making Note

산양유는 높은 온도에서 단백질이 파괴되고 변성이 있을 수 있어 가급적이면 낮은 온도를 유지하면서 만들어야 합니다. 산양유를 넣어 만든 비누는 보존기간이 짧기 때문에 방부 효능을 가진 자몽씨 추출물을 첨가하였어요. 산양유 대신 모유로 대체하여도 좋답니다.

막걸리로 만든 비누는 풍성하고 조밀한 거품으로 사용감이 매우 부드럽습니다. 또한, 막걸리에 함유된 단백질과 비타민 성분이 피부를 촉촉하게 가꾸어줍니다. 앞선 비누들의 가성소다와 다르게 막걸리를 넣은 가성소다 수용액을 이용한 비누이니 천천히 따라하며 만들어보세요.

9

기능성 비누

막걸리

🛁 추천 피부타입

건성 피부
민감성 피부

🛁 재료

[베이스 오일]
총 750g
코코넛 오일 160g, 팜 오일 150g, 올리브 오일 220g, 해바라기씨 오일 120g,
피마자 오일 50g, 포도씨 오일 50g

[에센셜 오일]
시더우드 5ml, 라벤더 15ml

[가성소다 수용액]
가성소다 106g(디스카운트 3%), 끓인 막걸리 247g

[첨가물]
율피 분말 7g, 곡물 분말 7g

[기타]
드라이플라워

Step 1. 막걸리를 이용한 가성소다 수용액을 만들어준 뒤, 비누액을 교반해주세요.

Step 3. '마무리'는 30p, 마무리 과정을 참고해주세요.

1. 막걸리를 분량보다 조금 더 많이 계량해서 끓여줍 니다.

2. 끓여서 알코올이 날아간 막걸리를 얼려줍니다.

3. 가성소다를 넣고 함께 저어가며 녹여줍니다.

4. 가성소다와 막걸리가 다 녹으면 체에 밭쳐 걸러주고 오일을 섞어줍니다.

○─ **Making Note** ─○

수상 원료를 재료로 비누를 만들 때는 재료의 알코올 성분을 모두 휘발시킨 후 사용해야 안전하게 비누 작업을 할 수 있 습니다. 뚜껑을 열어 자연적으로 알코올 성분을 날려주어도 좋지만, 끓여서 사용하는 것이 더 좋아요. 막걸리를 와인이 나 맥주로 대체해도 좋습니다.

1. 분량의 분말을 계량하여 오일과 섞어 준비합니다.

2. 비누액을 나누고 1번을 넣고 섞어줍니다.

3. 율피 분말을 넣은 비누액을 몰드에 반 정도 부어줍니다.

4. 곡물 분말을 넣은 비누액을 그 위에 부어줍니다.

5. 포크를 이용해서 비누 윗면에 결을 만들어줍니다.

6. 드라이플라워로 윗면을 장식해주면 완성입니다.

달걀 흰자는 단백질이 많아 피지와 노폐물 제거, 피부 탄력 향상에 도움이 되고, 노른자는 영양분이 많아 피부 보습에 도움이 됩니다. 달걀 비누는 흰자와 노른자를 모두 사용하여 노폐물 제거와 보습에 모두 만족할만한 비누랍니다.

달걀

기능성 비누 10

💧 추천 피부타입

건성 피부
민감성 피부

💧 재료

[베이스 오일]
총 750g
코코넛 오일 190g, 팜 오일 150g, 올리브 오일 150g, 피마자 오일 50g, 포도씨 오일 50g, 해바라기씨 오일 50g, 로즈힙 오일 50g, 홍화씨 오일 60g

[에센셜 오일]
레몬10ml, 라벤더 10ml

[가성소다 수용액]
가성소다 108g(디스카운트 3%)
정제수 247g

[첨가물]
달걀 1개

Step 1. '오일과 가성소다 수용액 섞어주기'는 29p, 비누액 교반하기를 참고해주세요.

Step 3. '마무리'는 30p, 마무리 과정을 참고해주세요.

1. 달걀 흰자와 노른자를 풀어 분리해줍니다.

2. 거품기로 잘 저어주면 쉽게 풀 수 있습니다.

3. 비누액을 나누고 흰자와 노른자를 각각 섞어줍니다.

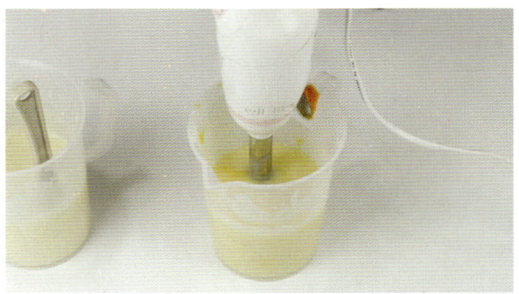

4. 달걀은 비누액과 잘 섞이지 않을 수 있기 때문에 블렌더로 꼼꼼하게 섞어줍니다.

5. 노른자를 넣은 비누액을 몰드에 부어줍니다.

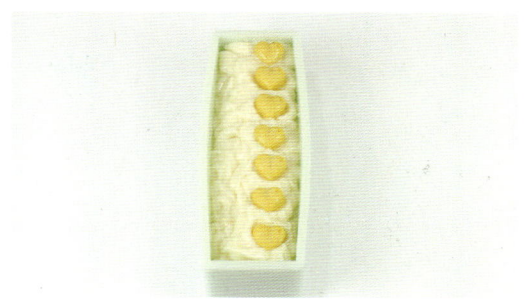

6. 흰자를 넣은 비누액을 그 위에 부어줍니다.

7. 비누액의 윗면을 정리한 후 마무리합니다. 조각 비누는 생략해도 좋습니다.

Making Note

달걀의 흰자와 노른자를 나누어 거품기로 충분히 저어준 후 비누액에 넣어야 뭉치지 않고 잘 섞입니다.

기초 디자인
비누 만들기

디자인 비누를 만들 때 사용하는 기본적인 기법들인
층, 마블, 상면 정리 기법 등을 이용해 비누를 만들어
보겠습니다. 너무 욕심내지 말고 비누의 양을 조금씩
잡아 만들어보다가 익숙해지면 양을 늘려보세요.

비누 디자인의 가장 기본적인 기법으로 대부분의 디자인은 층
내기 기법을 응용해서 만든다고 볼 수 있습니다. 이 비누는
가장 기본적인 2개 층에 중간 라인을 넣는 기법을 추가해보았
으니 천천히 따라해보세요.

기초 디자인

층 + 라인

🧴 재료

[베이스 오일] 레시피 2번
총 375g
코코넛 오일 95g, 팜 오일 85g, 올리브 오일 75g, 미강 오일 60g, 살구씨 오일 25g, 피마자 오일 20g, 시어버터 15g

[에센셜 오일]
로즈우드 5ml, 바질 5ml

[가성소다 수용액]
가성소다 55g(디스카운트 3%)
정제수 124g

[첨가물]
밀싹 분말, 카카오 분말, 숯 분말

Step 1. '오일과 가성소다 수용액 섞어주기'는 29p, 비누액 교반하기를 참고해주세요.

Step 3. '마무리'는 30p, 마무리 과정을 참고해주세요.

1. 비누액을 나누고 카카오 분말을 넣고 섞어 몰드에 반 정도 부어줍니다.

2. 몰드 아래에 종이를 깔아준 후, 구멍이 작은 체를 준 비합니다.

3. 체에 숯 분말을 넣은 후 비누 윗면에 얇게 뿌려줍니다.

4. 몰드에 묻은 숯 분말은 깨끗하게 닦아 정리합니다.

5. 밀싹 분말을 섞은 나머지 비누액을 넣고 섞어줍니다.

6. 스푼이나 주걱을 이용해 비누액을 떠서 몰드에 살짝 올려줍니다.

7. 비누의 윗면을 깔끔하게 정리하면 완성입니다.

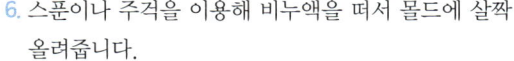

◦─ **Making Note** ─◦

• 층을 반듯하게 하고 싶으면 비누액을 올릴 때 무게감이 느껴지지 않게 스푼으로 조금씩 나누어서 살짝 올려줍니다. 반대로 울퉁불퉁하고 자연스러운 층을 원한다면 비누를 많이 떠서 편하게 툭툭 흘리듯이 올려주면 됩니다.

• 체를 이용하여 분말을 뿌릴 때, 몰드 아래에 이면지를 깔아주면 정리하는 데 도움이 됩니다.

• 층을 사선으로 나누어 응용할 수 있습니다.

색의 변화를 자연스럽게 표현할 수 있는 그러데이션 기법입
니다. 그러데이션 기법을 적절하게 잘 응용하면 예쁜 하늘
이나 바다를 표현할 수 있답니다.

2

기초 디자인

그러데이션

🪣 재료

[베이스 오일] 레시피 1번
총 375g
코코넛 오일 85g, 팜 오일 80g, 올리브 오일 75g, 해바라기씨 오일 50g, 포도씨 오일 25g, 살구씨 오일 60g

[에센셜 오일]
로즈마리 5ml, 유칼립투스 5ml

[가성소다 수용액]
가성소다 55g(디스카운트 3%)
정제수 124g

[첨가물]
청대, 티타늄 디옥사이드

Step 1. '오일과 가성소다 수용액 섞어주기'는 29p, 비누액 교반하기를 참고해주세요.

Step 3. '마무리'는 30p, 마무리 과정을 참고해주세요.

첨가물을 섞고 몰드에 넣어주기

1. 그러데이션으로 표현할 색 중 연한 색을 먼저 만들어
준 후 컵에 조금 덜어냅니다.

2. 몰드를 살짝 기울이고 덜어낸 비누를 몰드 벽면을 타
고 흘러내리듯이 부어줍니다.

3. 비누액에 청대를 아주 조금만 넣고 섞어줍니다.

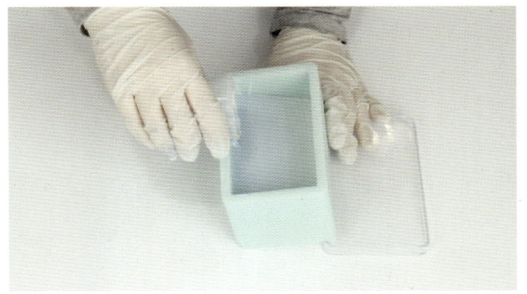

4. 컵에 비누액을 소량 덜어내고 몰드 벽면을 타고 흘
러내리듯이 부어줍니다.

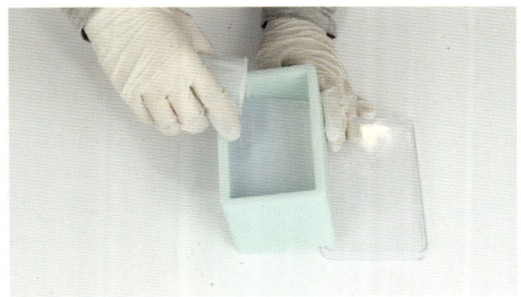

5. 색의 변화를 확인하며 3, 4번의 과정을 반복해줍
니다.

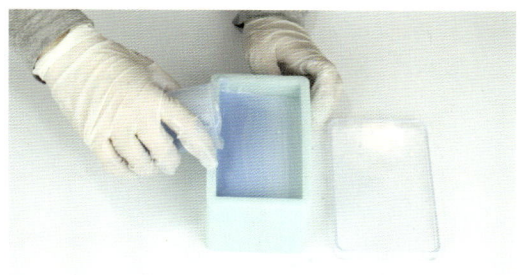 

6. 몰드에 비누액이 2/3 이상 차면 기울여 놓은 몰드를
   바로 세우고 마지막까지 과정을 반복해 비누액을 채
   워줍니다.

7. 몰드와 표면을 깔끔하게 정리해주면 완성입니다.

○─ **Making Note** ─○

그러데이션은 색이 서서히 바뀌어야 자연스럽답니다. 첨가물을 조금씩 넣어 비누를 부어주는 횟수를 많이 반복할수록 자
연스러운 비누가 완성됩니다.

스푼으로 떠서 쉽고 자연스럽게 마블을 만들 수 있는 기법입
니다. 마블을 만들어준 후 도구를 이용하여 비누 윗면을 긁
어내고 다시 한번 층을 올려주세요. 층과 층 사이 경계면을
원하는 모양으로 만들 수 있습니다.

기초 디자인

물결+스푼 마블

재료

[베이스 오일] 레시피 2번
총 375g
코코넛 오일 95g, 팜 오일 85g, 올리브 오일 75g, 미강 오일 60g, 살구씨 오일 25g, 피마자 오일 20g, 시어버터 15g

[에센셜 오일]
라벤더 8ml, 파촐리 2ml

[가성소다 수용액]
가성소다 55g(디스카운트 3%)
정제수 124g

[첨가물]
여러 가지 색의 옥사이드, 청대

Step 1. '오일과 가성소다 수용액 섞어주기'는 29p, 비누액 교반하기를 참고해주세요.

Step 3. '마무리'는 30p, 마무리 과정을 참고해주세요.

1. 비누액을 나누고 첨가물을 넣어 원하는 색을 만들어
   줍니다.

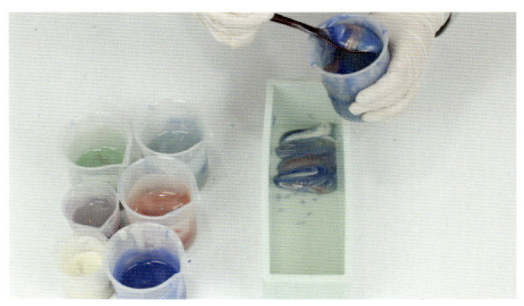

2. 컵 한곳에 각각의 비누액을 조금씩 넣은 후, 스푼으
   로 떠서 몰드에 담아줍니다.

3. 비누액의 색이 서로 섞여 마블이 없어지지 않도록
   주의하며 몰드에 담아줍니다.

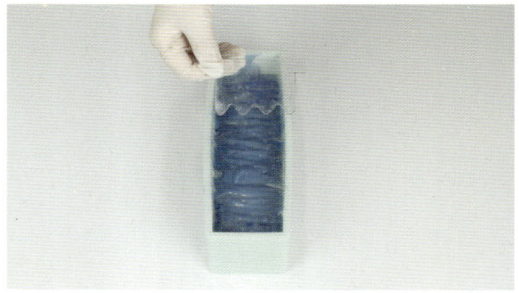

4. 경계선의 모양을 만들어줄 도구를 얇은 플라스틱이
   나 두꺼운 종이를 이용해서 만들어줍니다.

5. 도구를 몰드의 한쪽 끝에 끼워주고 반대쪽으로 천천
   히 움직여 물결두늬를 만들어줍니다.

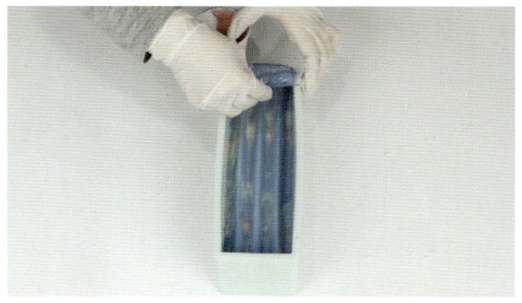

6. 몰드 끝에 모아진 비누액을 들어내어 깔끔하게 정리
   합니다.

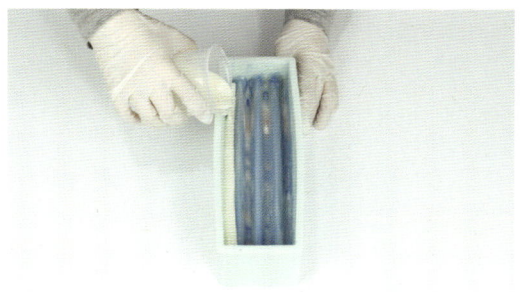

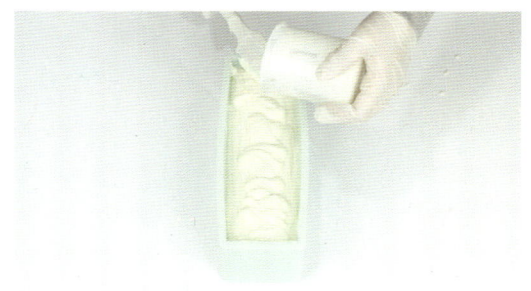

7. 물결 비누 위에 비누액을 넣어줍니다. 이때, 물결 층이 무너지지 않도록 조심스럽게 부어줍니다.

8. 비누액을 다 넣은 후 윗면을 정리하면 완성입니다.

━○ **Making Note** ○━

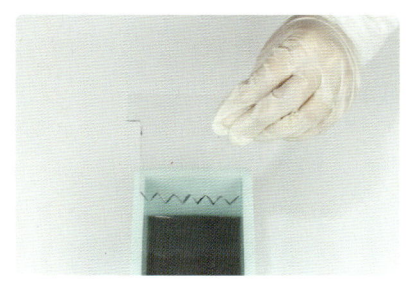

• 층과 층 사이 경계면의 모양을 만들어줄 도구는 얇은 플라스틱이나 두꺼운 종이에 원하는 모양의 그림을 그려준 후 몰드 사이즈에 맞게 오려서 사용하면 됩니다.

• 도구를 만들 때 몰드의 양쪽에 걸쳐질 수 있도록 홈을 남겨주면 일정하게 모양을 낼 수 있습니다.

얼룩말 무늬를 닮아 지브라 마블이라고도 불리는 마블 기법입니다. 비누액을 조심스럽게 부어 띠가 유지되게 작업하는 것이 가장 중요한 포인트랍니다.

얼룩 마블

🔹 재료

[베이스 오일] 레시피 1번
총 375g
코코넛 오일 85g, 팜 오일 80g, 올리브 오일 75g, 해바라기씨 오일 50g, 살구씨 오일 60g, 포도씨 오일 25g

[에센셜 오일]
라벤더 8ml, 파촐리 2ml

[가성소다 수용액]
가성소다 55g(디스카운트 3%)
정제수 124g

[첨가물]
율피 분말, 호박 분말, 티타늄 디옥사이드

Step 1. '오일과 가성소다 수용액 섞어주기'는 29p, 비누액 교반하기를 참고해주세요.

Step 3. '마무리'는 30p, 마무리 과정을 참고해주세요.

1. 비누액을 나누고 첨가물을 섞어줍니다.

2. 몰드의 가장자리에 컵을 대고 벽을 타고 비누액이 조금씩 내려가도록 부어줍니다.

3. 색색의 비누액을 번갈아가며 섞이지 않도록 부어줍니다.

4. 몰드의 가장자리를 정리해주면 완성입니다.

Making Note

마블의 색을 생각하며 첨가물을 섞어주세요. 대비되는 색을 섞으면 강렬하고 선명한 비누를, 비슷한 계열의 색을 섞으면 부드럽고 은은한 비누를 만들 수 있습니다.

P20

공중에서 비누액을 좌우로 흩뿌리듯이 몰드에 넣는 방법입
니다. 그림 비누에서 다양하게 응용되기 때문에 알아두면
매우 유용한 기법입니다.

기초 디자인

드롭 마블

🫧 **재료**

[베이스 오일] 레시피 1번
총 375g
코코넛 오일 85g, 팜 오일 80g, 올리브 오일 75g, 해바라기씨 오일 50g, 살구씨 오일 60g, 포도씨 오일 25g

[에센셜 오일]
라벤더 8ml, 파촐리 2ml

[가성소다 수용액]
가성소다 55g(디스카운트 3%)
정제수 124g

[첨가물]
티타늄 디옥사이드, 블루 옥사이드, 핑크 옥사이드

Step 1. '오일과 가성소다 수용액 섞어주기'는 29p, 비누액 교반하기를 참고해주세요.

Step 3. '마무리'는 30p, 마무리 과정을 참고해주세요.

1. 비누액을 나누고 첨가물을 넣어 원하는 색을 만들어
   줍니다.

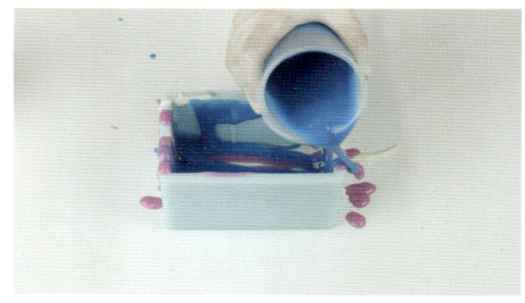

2. 몰드의 긴면을 기준으로 비누액을 공중에서 좌우로
   부어주며 이동합니다.

3. 색을 번갈아가며 같은 방법으로 몰드에 담아줍니다.

4. 몰드 가장자리를 정리하면 완성입니다.

Making Note

• 드롭 마블은 비누액이 바깥으로 많이 흐르고 주변이 지저분해집니다.
  따라서 주변에 비누액이 튀지 않도록 종이나 비닐을 깔아 정리합니다.

• 몰드의 크기가 클수록 좀 더 쉽게 만들 수 있고 예쁜 비누를 만들 수
  있어요.

새의 깃털 같은 얇은 결이 표현되어 깃털 마블이라고 불리는 비누입니다. 사용하는 색의 조합에 따라 몽글몽글하고 가벼운 구름이나 바람, 깊이 있는 바다와 나뭇결 등의 표현이 가능한 디자인 기법입니다.

6
기초 디자인

깃털 마블

🎨 재료

[베이스 오일] 레시피 1번
총 375g
코코넛 오일 85g, 팜 오일 80g, 올리브 오일 75g, 해바리기씨 오일 50g, 포도씨 오일 25g

[에센셜 오일]
레몬 8ml, 메이창 2ml

[가성소다 수용액]
가성소다 55g(디스카운트 3%)
정제수 124g

[첨가물]
여러 가지 색의 옥사이드

Step 1. '오일과 가성소다 수용액 섞어주기'는 29p, 비누액 교반하기를 참고해주세요.

Step 3. '마무리'는 30p, 마무리 과정을 참고해주세요.

1. 표현하고 싶은 색만큼 비누액을 나누어 색을 섞어줍니다.

2. 종이컵에 최소 2가지 색 이상의 비누액을 덜어줍니다. 이때, 비누액이 섞이지 않고 마블이 생기도록 넣어줍니다.

3. 종이컵을 뾰족하게 잡아줍니다.

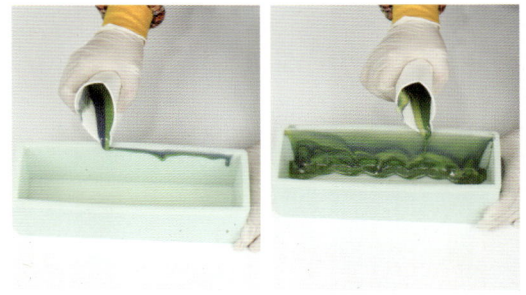

4. 종이컵을 몰드 벽면에 대고 비누액을 흘리듯이 부어줍니다. 종이컵에 있는 비누를 다 부어줄 때까지 몰드 끝에서 끝까지 반복하여 움직이며 부어줍니다.

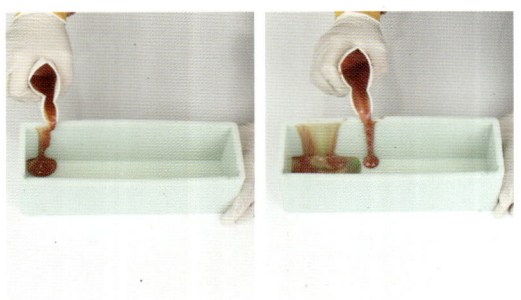

5. 이번에는 2~3cm 정도의 간격만큼 떨어져서 좌우로 움직이며 비누액을 부어줍니다.

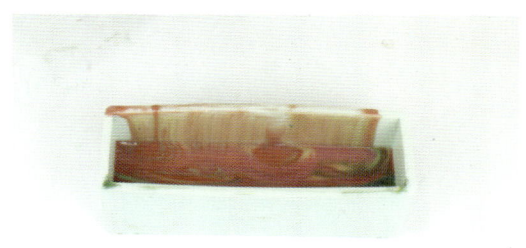

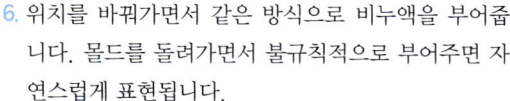

6. 위치를 바꿔가면서 같은 방식으로 비누액을 부어줍니다. 몰드를 돌려가면서 불규칙적으로 부어주면 자연스럽게 표현됩니다.

7. 몰드 벽면을 정리하지 않고 마무리합니다. 굳기 전 몰드를 정리하면 마블이 망가질 수도 있습니다.

○ **Making Note** ○

몰드의 끝에서 끝까지 반복하여 움직이며 비누액을 부어주는 방법으로만 몰드를 다 채우면 자연스러운 나뭇잎을 표현할 수 있습니다.

칸막이를 이용하여 쉽게 두 가지 색을 담아낼 수 있는 기법
입니다. 이 비누는 투블럭에 약간의 마블을 추가로 적용해
보았어요.

기초 디자인

투블럭

🧴 재료

[베이스 오일] 레시피 1번
총 375g
코코넛 오일 85g, 팜 오일 80g, 올리브 오일 75g, 살구씨 오일 60g, 해바라기씨 오일 50g, 포도씨 오일 25g

[에센셜 오일]
라벤더 10ml

[가성소다 수용액]
가성소다 55g(디스카운트 3%)
정제수 124g

[첨가물]
황토 분말, 청대

Step 1. '오일과 가성소다 수용액 섞어주기'는 29p, 비누액 교반하기를 참고해주세요.

Step 3. '마무리'는 30p, 마무리 과정을 참고해주세요.

1. 비누액을 반으로 나누고 첨가물을 넣어 잘 섞어줍니다.

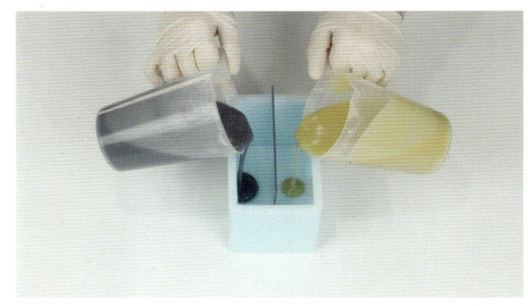

2. 몰드 중간에 칸막이를 끼워 넣고 양쪽에서 각각의 비누액을 부어줍니다.

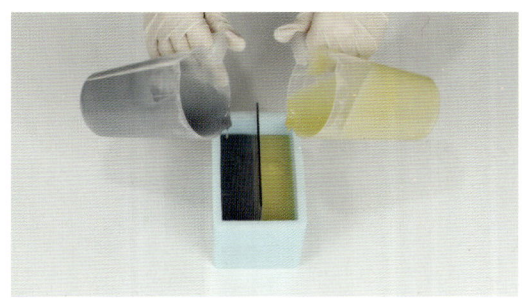

3. 비누액을 붓는 양과 속도를 비슷하게 유지하면서 부어주면 중간 칸막이가 무너지지 않고 동일한 양을 넣을 수 있습니다.

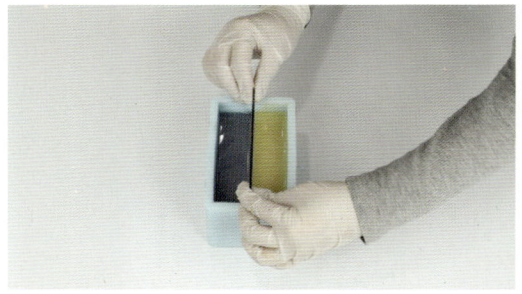

4. 비누액을 부어준 후 칸막이를 수직으로 빠르게 빼줍니다.

5. 몰드의 깊이보다 길고 얇은 막대를 준비합니다.

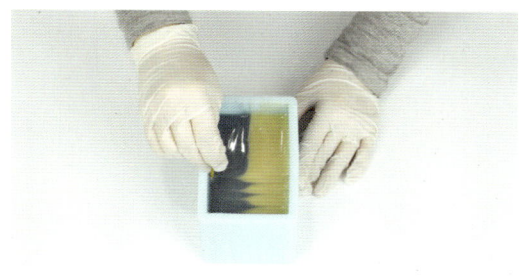

6. 막대를 몰드 바닥까지 꽂아준 후 좌우로 움직여 심플한 마블을 만들어줍니다.

7. 몰드를 정리한 후 마무리합니다.

Making Note

칸막이는 아크릴판을 크기에 맞게 재단하여 반영구적으로 사용이 가능합니다. 아크릴판이 없다면 얇은 플라스틱이나 두꺼운 종이를 사용해도 됩니다.

돌이나 유리조각 등을 붙인 모습이 연상되고 작고 큰 조각이 뭉쳐져 있는 듯한 디자인입니다. 풍경이나 그림을 비누에 표현할 때 응용하기 쉬워 활용도가 높은 디자인 기법이에요.

기초 디자인

모자이크

🧴 재료

[베이스 오일] 레시피 2번
총 375g
코코넛 오일 95g, 팜 오일 85g, 올리브 오일 75g, 미강오일 60g, 살구씨 오일 25g,
피마자 오일 20g, 시어버터 15g

[에센셜 오일]
티트리 8ml, 시더우드 2ml

[가성소다 수용액]
가성소다 55g(디스카운트 3%)
정제수 124g

[첨가물]
핑크 클레이, 숯 분말, 율피 분말, 모링가 분말, 티타늄 디옥사이드

Step 1. '오일과 가성소다 수용액 섞어주기'는 29p, 비누액 교반하기를 참고해주세요.

Step 3. '마무리'는 30p, 마무리 과정을 참고해주세요.

1. 비누액을 나누고 첨가물을 섞어줍니다. 저는 하얀색의 비누액을 다른 비누액보다 2배 많게 만들었습니다.

2. 티스푼이나 시약스푼과 같이 작은 스푼을 이용하여 비누액을 색깔별로 조금씩 떠서 몰드에 담아줍니다. 서로 다른 색이 이웃해야 더욱 예쁘답니다.

3. 하얀색의 비누액을 한쪽에 올려줍니다. 저는 하얀색을 크게 표현하고 싶어서 이 단계를 추가했지만 생략해도 좋답니다.

4. 나머지 비누액도 몰드에 담아줍니다.

Making Note

• 비누액의 색이 다양할수록 같은 색이 이웃해서 만나지 않을 확률이 높아집니다.

• 마무리 후 몰드를 들어 바닥에 3~4번 살짝 쳐주면 비누액이 채워지지 않은 부분이 사이사이 말끔하게 채워집니다.

5. 몰드를 들어 바닥에 3~4번 정도 쳐서 기포를 빼주면 완성입니다.

각종 돌의 조각을 시멘트에 넣고 굳힌 모조 자연석으로 바닥
이나 벽의 인테리어 마감재로 많이 사용되는 기법을 비누에
응용하여 적용했습니다. 배경색이나 조각 비누의 색에 따라
다른 느낌을 표현할 수 있는 방법입니다.

9
기초 디자인

조각(테라조)

🥢 재료

[베이스 오일] 레시피 2번
총 375g
코코넛 오일 95g, 팜 오일 85g, 올리브 오일 75g, 미강오일 60g, 살구씨 오일 25g,
피마자 오일 20g, 시어버터 15g

[에센셜 오일]
레몬 8ml, 파촐리 2ml

[가성소다 수용액]
가성소다 55g(디스카운트 3%)
정제수 124g

[첨가물]
숯 분말, 파프리카 분말, 티타늄 디옥사이드

Step 1. '오일과 가성소다 수용액 섞어주기'는 29p. 비누액 교반하기를 참고해주세요.

Step 3. '마무리'는 30p. 마무리 과정을 참고해주세요.

Step 2 첨가물을 섞고 몰드에 넣어주기

1. 조각으로 이용할 비누를 작게 잘라줍니다.

2. 저는 파프리카와 숯을 넣어 만든 비누 등 3가지 색의 조각을 준비했습니다. 바탕이 될 비누액에 숯 분말을 조금 넣어 회색으로 만들어줍니다.

3. 바탕 비누액에 조각 비누를 모두 넣고 섞어줍니다. 다양한 색으로 알록달록하게 조각을 넣어주어도 좋아요.

4. 조각 비누를 골고루 섞은 후 몰드에 부어줍니다.

5. 조각 비누가 한곳에 뭉쳐있지 않도록 휘저어줍니다.

6. 몰드를 들어 바닥에 3~4번 쳐서 기포를 빼주면 완성입니다.

비누에 구멍을 만든 후 다른 색의 비누액을 채워 넣는 기법이
에요. 도트 패턴 특유의 깜찍함을 볼 수 있는 디자인입니다.

10

기초 디자인

도트

🔹 재료

[베이스 오일] 레시피 1번
총 375g
코코넛 오일 85g, 팜 오일 80g, 올리브 오일 75g, 해바라기씨 오일 50g, 살구씨 오일 60g, 포도씨 오일25g

[에센셜 오일]
라벤더 6ml, 시더우드 4ml

[가성소다 수용액]
가성소다 55g(디스카운트 3%)
정제수 124g

[첨가물]
숯 분말, 티타늄 디옥사이드

Step 1. '오일과 가성소다 수용액 섞어주기'는 29p, 비누액 교반하기를 참고해주세요.

Step 3. '마무리'는 30p, 마무리 과정을 참고해주세요.

1. 비누의 배경이 되는 색을 만들어줍니다. 저는 하얀색
   으로 만들었습니다.

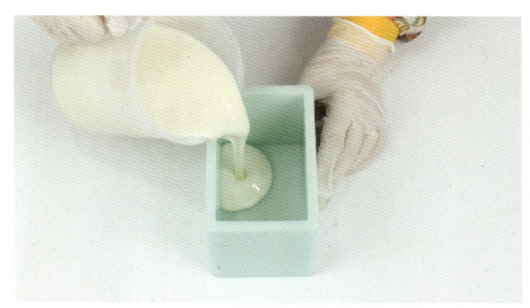

2. 몰드에 비누액을 끝까지 부어줍니다.

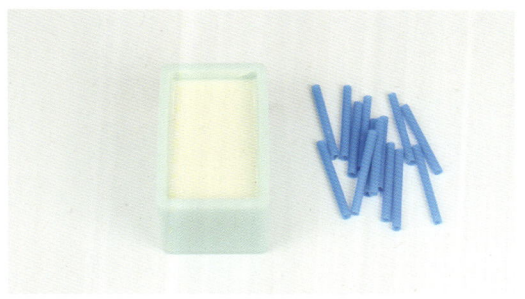

3. 두께감이 있는 빨대를 몰드 높이에 맞춰서 잘라줍니다.

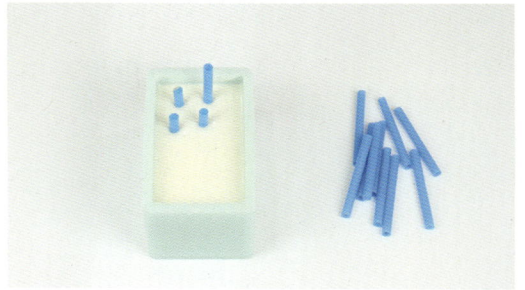

4. 빨대를 적당한 간격으로 비누에 꽂아줍니다.

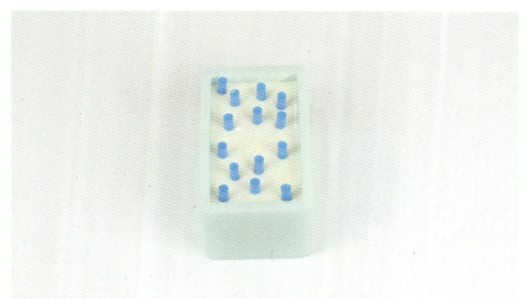

5. 빨대를 다 꽂은 후 몰드를 바닥에 살짝 쳐 윗부분을
   반듯하게 만들고 하루 정도 보온해줍니다.

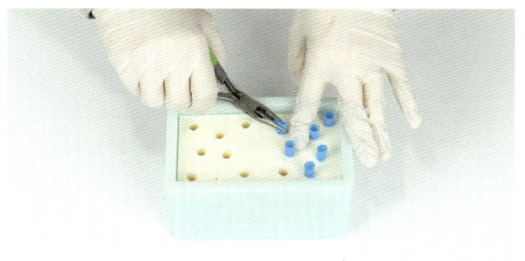

6. 비누가 어느 정도 굳으면 빨대를 빼줍니다.

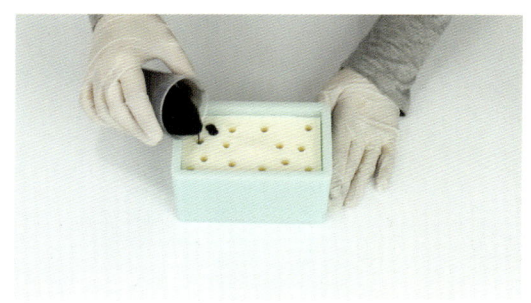

7. 원하는 색의 비누액을 준비한 후 구멍에 흘려줍니다.

8. 하루 정도 추가로 보온을 해주면 완성입니다.

○ **Making Note** ○

• 5번 과정 후 24시간 동안 1차 보온하고, 8번 과정 후 2차로 24시간 추가 보온합니다.

• 비누에 구멍을 만들어주기 위한 도구로 빨대를 사용했어요.

• 단면커팅 방식이 아닌 상면커팅 방식으로 비누를 잘라주어야 합니다.

응용 디자인 비누 만들기

앞서 다룬 기법들을 이용하여 비누에 그림을 담아보려고 해요. 층과 마블을 혼합하거나, 미리 만들어둔 비누를 이용하여 임베 딩 하는 방법 등 직접 디자인을 구상하고 원하는 디자인을 비누 에 담아내는 것까지 하다보면 여러분도 비누를 바라보는 시각이 달라지게 될거예요. 같은 기법으로 얼마만큼 다른 디자인을 만 들어 낼 수 있는지를 보는 것도 비누의 큰 매력이랍니다.

비누액의 점도

디자인 비누에서는 비누액의 점도에 따라 표현할 수 있는 느낌이 다르기 때문에 비누액의 점도를 맞추는 것이 중요합니다. 점도는 트레이스의 상태에 따라 나눌 수 있습니다. 일반적으로 작업하기 가장 편한 점도는 2단계입니다. 따로 지정하지 않은 비누액은 점도 2단계로 작업해주세요.

• 비누액 점도 0

가장 묽은 비누액으로 트레이스가 거의 생기지 않습니다.

• 비누액 점도 1

트레이스가 생기지만 매우 약해 금방 사라집니다.

• 비누액 점도 2

비교적 선명한 트레이스가 남고 매끈한 윗면을 만들 때 사용합니다.

• 비누액 점도 3

주걱을 들었을 때 비누액이 주르륵 떨어지고 봉긋하게 쌓이는 정도로 디자인 작업에서 자주 사용하는 단계입니다.

• 비누액 점도 4

비누액이 크림형태를 보이며 약간 **뻑뻑**한 농도입니다. 한쪽으로 비누액을 모았을 때, 유지되는 상태로 모양을 잡아줄 때 유용합니다.

• 비누액 점도 5

혼합하기에 힘이 드는 단계로 비누액을 산처럼 봉긋하게 세워도 유지되는 상태입니다. 짤주머니에 넣고 디자인할 때 적합합니다.

봄을 알리는 벚꽃이 만발한 봄날의 풍경을 묘사한 비누예요.
벚꽃 부분의 색만 변경해도 다른 느낌으로 표현이 가능해 또
다른 풍경을 만들 수 있습니다.

벚꽃 하늘

🌸 재료

[베이스 오일] 레시피 2번
총 750g

[에센셜 오일]
로즈우드 10ml, 바질 10ml

[가성소다 수용액]
가성소다 110g(디스카운트 3%)
정제수 232g

[첨가물]
청대, 유노하나, 곡물 분말, 율피 분말, 칼라민, 옥사이드

🌸 비누액 나누기

땅 : 100g, 율피 분말, 곡물 분말(갈색)

언덕 : 100g, 유노하나(노란색)

산 : 150g, 밀싹, 옥사이드(진초록색)

하늘 : 300g, 청대(하늘색)

벚꽃 : 400g, 칼라민150g, 옥사이드 150g, 레드 옥사이드 50g, 티타늄 디옥사이드 50g(분홍색, 연분홍색, 진분홍색)

나뭇가지 : 50g, 율피 분말(갈색)

해 : 미리 만들어서 사용

Step 1. '오일과 가성소다 수용액 섞어주기'는 29p, 비누액 교반하기를 참고해주세요.

Step 3. '마무리'는 30p, 마무리 과정을 참고해주세요.

1. 비누액을 나누고 땅, 언덕, 산 부분의 첨가물을 섞어 줍니다.

2. 몰드를 기울여 바닥 모서리에 땅 비누액을 담아줍 니다.

3. 몰드를 바로 세운 뒤 반대쪽에 언덕 부분의 비누액을 부어줍니다. 부은 후 윗면을 고르게 정리해줍니다.

4. 산 부분의 비누액을 땅 위에 덮어 올려줍니다.

5. 비누액을 나누고 하늘, 벗꽃 부분의 첨가물을 섞어 줍니다.

6. 하늘 부분의 비누를 얇게 올려줍니다.

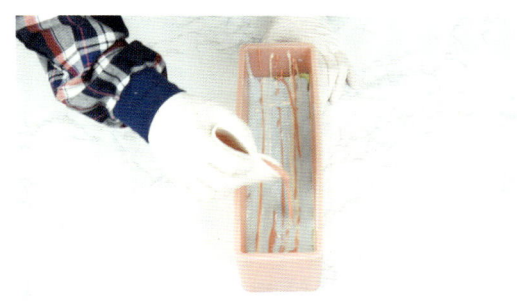

7. 벚꽃은 종이컵을 이용하여 드롭 마블 기법으로 흘려 줍니다.

8. 하늘을 다시 얇게 올려줍니다.

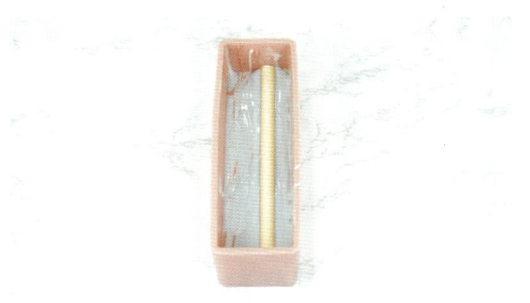

9. 해의 위치를 고려하여 미리 만들어둔 원형 비누를 몰드에 넣어줍니다.

10. 하늘을 다시 얇게 올려줍니다.

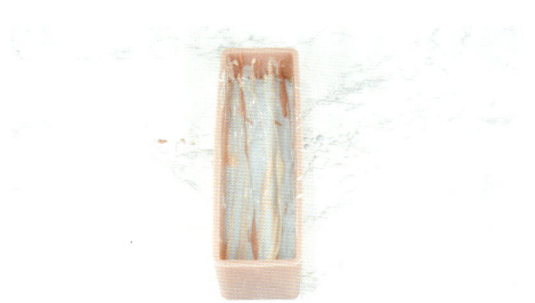

11. 벚꽃 부분의 비누액을 다시 뿌려줍니다.

12. 다시 한 번 하늘 부분의 비누액을 얇게 올려줍니다.

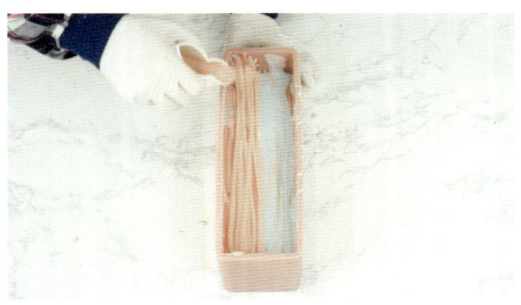

13. 몰드 절반 정도를 벚꽃 비누액으로 두껍게 덮어줍니다.

14. 벚꽃과 같은 방법으로 나뭇가지를 표현할 부분을 가로로 부어줍니다.

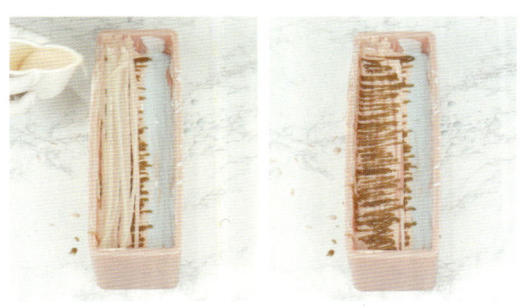

15. 13, 14번 과정을 한 번 더 반복해줍니다. 저는 그러데이션 효과를 위해 벚꽃 비누액 색을 약간 연한색으로 뿌렸어요.

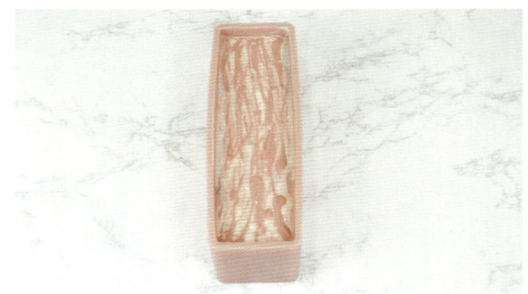

16. 남은 벚꽃 비누액을 윗면이 다 채워지도록 뿌려주면 완성입니다.

○ **Making Note** ○

드롭 마블 기법은 종이컵에 비누액을 담고 종이컵을 접어 비누액이 조금씩 흐르며 나오도록 부어주면 됩니다(100p 참고).

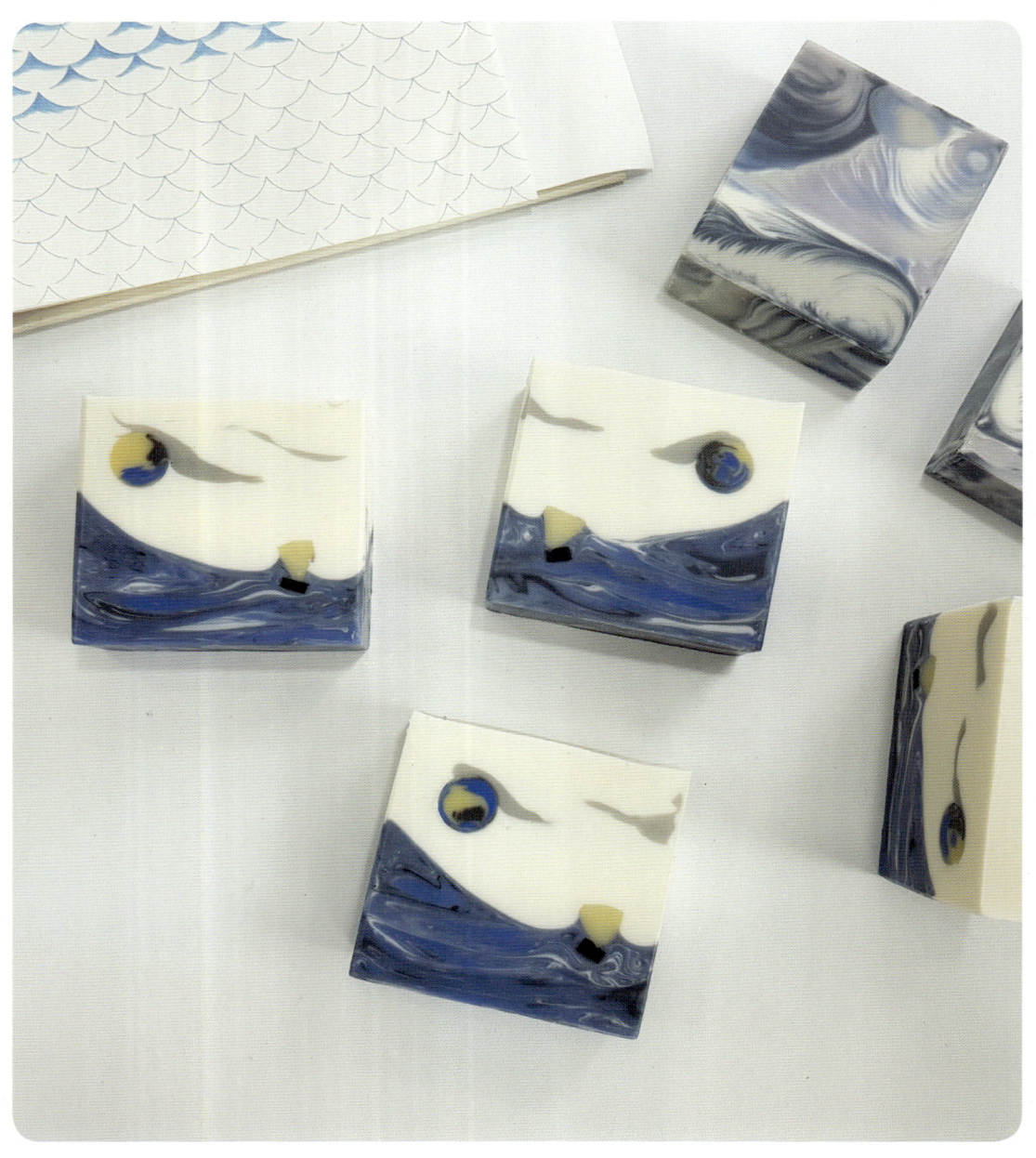

바다 위를 항해하는 배를 표현한 디자인이에요. 바다를 얼마나 생동감 있게 표현하느냐에 따라 완성
도가 결정되는 이 비누는 물결을 표현하는 것이 가장 중요한 포인트랍니다. 배와 달은 만들어둔 비누
를 사용해야 하므로 2~3일 전에 미리 만들어두는 게 좋습니다.

응용 디자인

파도 위 작은 배

🧪 재료

[베이스 오일] 레시피 2번
총 750g

[에센셜 오일]
시더우드 5ml, 티트리 10ml, 로즈마리 5ml

[가성소다 수용액]
가성소다 110g(디스카운트 3%)
정제수 247g

[첨가물]
청대, 숯 분말, 티타늄 디옥사이드

🧪 비누액 나누기

하늘 : 570g, 티타늄 디옥사이드(하얀색)

구름 : 80g, 숯 분말(회색)

바다 : 450g, 청대, 숯, 티타늄 디옥사이드(파란색 5단계)

달 : 미리 만들어 사용

배 : 미리 만들어 사용

Step 1. '오일과 가성소다 수용액 섞어주기'는 29p. 비누액 교반하기를 참고해주세요.

Step 3. '마무리'는 30p. 마무리 과정을 참고해주세요.

Step 2 첨가물을 섞고 몰드에 넣어주기

 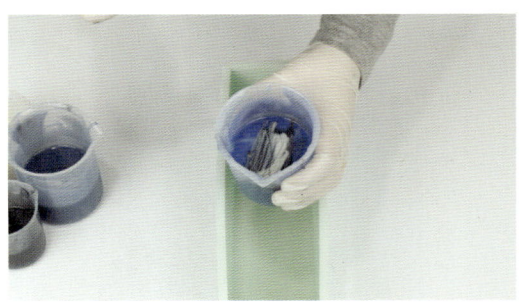

1. 바다 부분 비누액을 5개로 나누어 첨가물을 넣고 섞
   어줍니다. 색은 원하는 대로 만들어줍니다.

2. 비누액이 담긴 컵 중 하나에 다른 색의 비누액을 조
   금씩 담아줍니다.

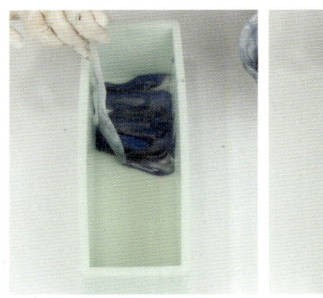 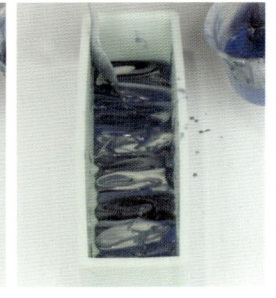 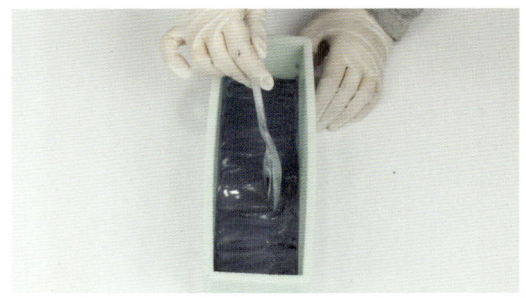

3. 스푼으로 여러 가지 색의 비누액을 한 번에 떠서 몰
   드에 담아줍니다. 물결이 잘 표현되기 위해서는 비
   누액이 섞이지 않고 각각의 색과 결이 유지되어야
   합니다.

4. 비누액이 섞이지 않도록 윗면만 살짝 정리해줍니다.

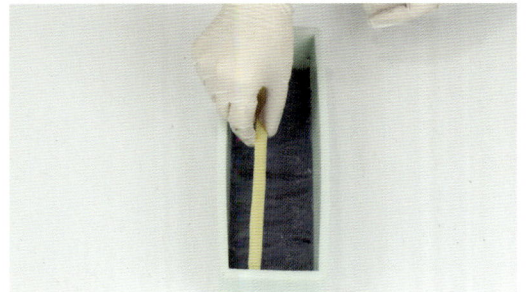

5. 배 모양으로 만들어둔 비누를 적당한 위치에 올려줍
   니다.

6. 원하는 색으로 하늘 부분을 만들어준 후 얇게 올려
   줍니다.

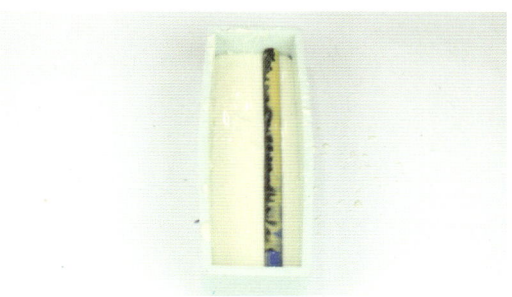

7. 달의 위치를 정하고, 미리 만들어둔 원형 비누를 몰
   드에 넣어줍니다.

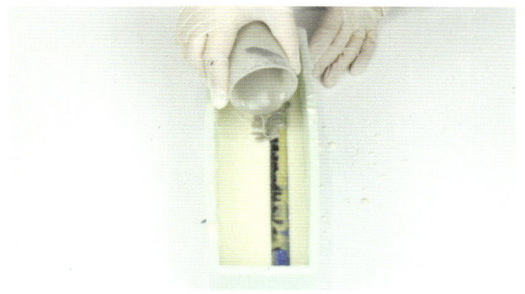

8. 구름을 표현할 비누액을 만들어 달 근처에 얇게 부
   어줍니다.

9. 하늘을 다시 한번 덮어줍니다.

10. 몰드의 한쪽 구석에 구름 부분 비누액을 얇게 한 번
    더 부어줍니다.

11. 남아 있는 하늘 부분 비누액을 모두 부어주고 윗면
    을 정리하면 완성입니다.

○ **Making Note** ○

바다의 물결을 잘 표현하기 위해서는 비슷한 색 3~4개와 대비가 되는 컬러 1가지 정도를 사용하는 게 좋습니다. 대비되
는 색이 물결을 더욱 더 뚜렷하게 표현해줘서 생동감이 넘친답니다.

노랗게 익은 벼가 가득한 가을 들판의 모습이 연상되는 비누
입니다. 들판의 색을 다르게 하면 다양한 계절의 모습과 풍
경을 표현할 수 있습니다.

응용 디자인

가을 들판

🌸 재료

[베이스 오일] 레시피 2번
총 750g

[에센셜 오일]
시더우드 5ml, 라벤더 15ml

[가성소다 수용액]
가성소다 110g(디스카운트 3%)
정제수 247g

[첨가물]
청대, 곡물 분말, 모링가 분말, 진피 분말, 티타늄
디옥사이드

🌸 비누액 나누기

하늘 : 350g, 청대(하늘색)

구름 : 200g, 티타늄 디옥사이드(하얀색)

들판 : 430g, 진피 분말, 모링가 분말, 티타늄 디옥
사이드(노란색, 진노란색, 초록색, 하얀색)

길 : 120g, 곡물 분말(갈색)

해 : 미리 만들어 사용

Step 1. '오일과 가성소다 수용액 섞어주기'는 29p, 비누액 교반하기를 참고해주세요.

Step 3. '마무리'는 30p, 마무리 과정을 참고해주세요.

1. 비누액을 나누고 첨가물을 넣고 섞어줍니다.

2. 들판 사이의 길을 표현할 비누액을 짤주머니에 넣고 몰드 가운데에 두껍게 짜줍니다(비누액 점도 : 5단계).

3. 비누액의 모양을 스푼이나 주걱 뒷면으로 매끄럽게 정리해줍니다.

4. 들판을 표현할 4가지 비누액을 번갈아 가며 부어줍니다. 몰드의 끝에서 끝까지 왕복하며 드롭 마블 기법으로 조금씩 흘려주듯 부어주면 됩니다.

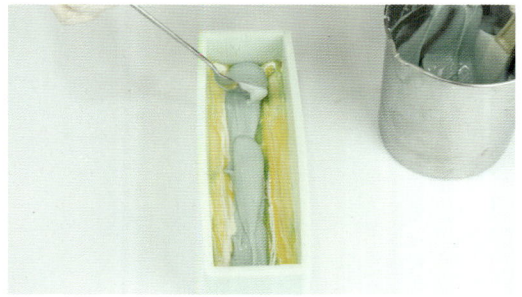

5. 하늘 절반 정도를 몰드에 부어줍니다(비누액 점도 : 4단계).

6. 미리 만들어놓은 해 부분의 원형 비누를 넣어줍니다.

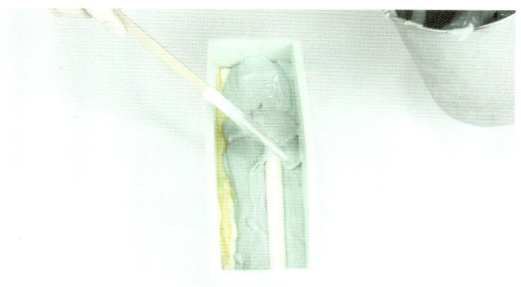 

7. 나머지 하늘을 몰드에 모두 담아줍니다.

8. 표면을 매끄럽게 정리합니다.

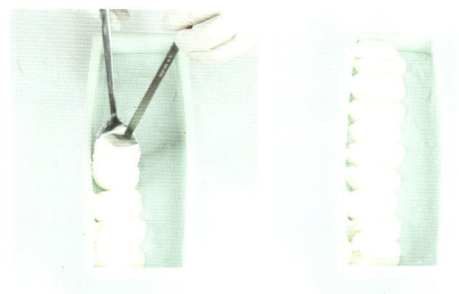

9. 구름 비누액을 스푼으로 떠서 자연스럽게 올려주면
   완성입니다(비누액 점도 : 5단계).

○ **Making Note** ○

천연분말은 비누의 색을 자연스럽게 만들어주는 장점이 있지만 색이 뚜렷하지 않거나 건조하면 색이 점점 날아가는 특징이
있습니다. 천연분말 색과 비슷한 옥사이드를 소량 첨가해주면 뚜렷한 색을 유지하는데 도움이 된답니다.

눈이 내리는 겨울바다를 표현해보았어요. 알갱이 질감이 살
아있는 비누액이 가장 중요한 포인트랍니다.

응용 디자인

눈 내리는 바다

<table>
<tr><td>

🧴 재료

[베이스 오일] 레시피 3번
총 750g

[에센셜 오일]
시더우드 5ml, 라벤더 15ml

[가성소다 수용액]
가성소다 110g(디스카운트 3%)
정제수 247g

[첨가물]
청대, 곡물 분말, 티타늄 디옥사이드

</td><td>

🧴 비누액 나누기

하늘 : 350g, 청대(하늘색 3단계)

바다 : 310g, 청대(파란색 3단계)

해변1 : 120g, 티타늄 디옥사이드(하얀색)

해변2 : 100g, 곡물 분말(갈색)

섬 : 70g, 티타늄 디옥사이드(하얀색)

</td></tr>
</table>

Step 1. '오일과 가성소다 수용액 섞어주기'는 29p, 비누액 교반하기를 참고해주세요.

Step 3. '마무리'는 30p, 마무리 과정을 참고해주세요.

1. 비누액을 나누고 첨가물을 넣고 섞어줍니다.

2. 잘게 간 여분의 조각 비누를 준비합니다.

3. 비누액에 간 조각 비누를 넣어줍니다.

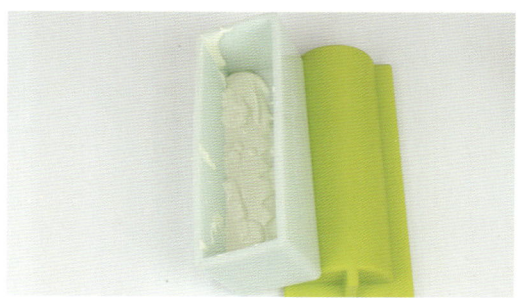

4. 몰드를 기울인 후 해변 부분을 표현할 하얀색 비누액 을 몰드의 한쪽에 부어줍니다(비누액 점도 : 4단계).

5. 짤주머니에 곡물 분말을 넣은 비누액을 넣은 후 해변 위를 덮어줍니다(비누액 점도 : 4단계).

6. 바다를 표현할 비누액으로 몰드의 반을 채워줍니다 (비누액 점도 : 4단계).

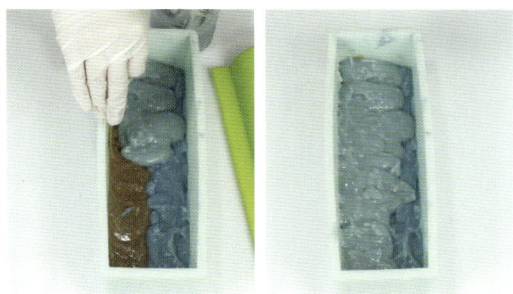

7. 진한 색에서 흐린 색으로 차례대로 바다를 채워주고 맨 윗부분을 덮어줍니다.

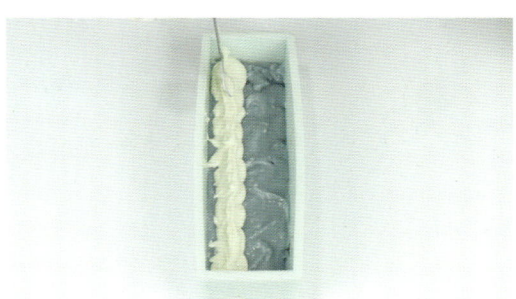

8. 섬이 될 부분을 스푼을 이용해 작게 떠서 넣어줍니다(비누액 점도 : 4단계).

9. 하늘 부분의 비누액을 번갈아가며 몰드에 가득 채워 넣어줍니다(비누액 점도 : 4단계).

10. 스푼으로 비누의 윗면에 물결 모양을 내고 마무리 하면 완성입니다.

Making Note

비누의 입자를 잘게 만들기 위해서는 칼로 다져주어도 되고, 강판을 이용하여 갈아줘도 됩니다.

이른 새벽, 산 너머 해가 떠오르는 모습을 표현한 비누랍니다.
어두운 산과 붉은 해, 짙은 푸른빛의 하늘색이 대조적이면서도
잘 어울려 심플하지만 강렬한 느낌을 주는 비누입니다.

5
응용 디자인

새벽녘

💧 재료

[베이스 오일] 레시피 3번
총 750g

[에센셜 오일]
시더우드 5ml, 라벤더 15ml

[가성소다 수용액]
가성소다 110g(디스카운트 3%)
정제수 247g

[첨가물]
청대, 숯 분말, 실버 펄

💧 비누액 나누기

하늘 : 750g, 청대, 숯 분말(짙은 파란색)

땅 : 120g, 숯 분말(검은색)

낮은 산 : 120g, 숯 분말(회색)

높은 산 : 110g, 청대, 숯 분말(파란색)

해 : 미리 만들어 사용하기

Step 1. '오일과 가성소다 수용액 섞어주기'는 29p, 비누액 교반하기를 참고해주세요.

Step 3. '마무리'는 30p, 마무리 과정을 참고해주세요.

1. 비누액을 나누고 첨가물을 넣어 섞어줍니다.

2. 땅 부분의 비누액을 몰드에 얇게 깔아줍니다(비누액 점도 : 4단계).

3. 낮은 산 부분의 비누액을 몰드 전체에 채워줍니다. 약간 울퉁불퉁하게 비누액을 넣어주면 더욱 자연스 럽답니다.

4. 높은 산을 표현하기 위해 비누액을 한쪽에 봉긋하게 담아줍니다.

5. 자연스러운 산의 모습을 위해 스푼으로 표면을 정리 해줍니다.

6. 체에 펄을 넣고 비누 윗면에 뿌려 경계선을 뚜렷하 게 해줍니다.

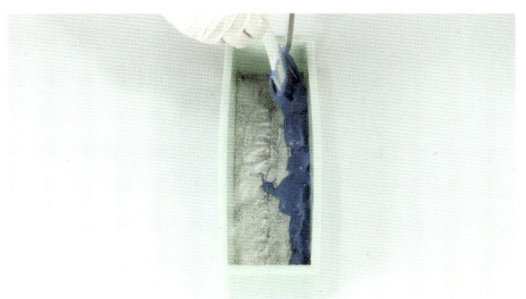

7. 하늘 부분 비누액 절반을 몰드에 담아줍니다.

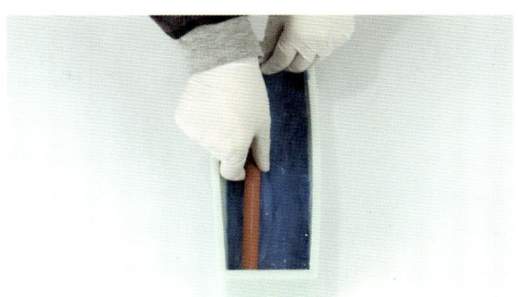

8. 미리 만들어둔 붉은 해 원형 비누를 몰드에 넣어줍니다.

9. 나머지 비누액을 모두 몰드에 담아줍니다.

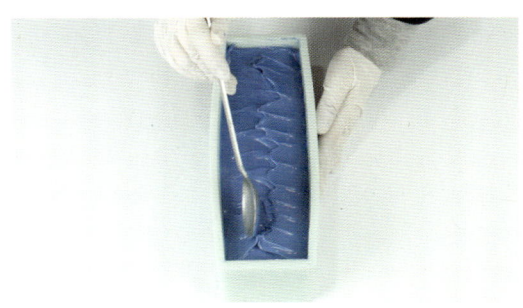

10. 스푼으로 비누의 윗면에 모양을 내고 정리합니다.

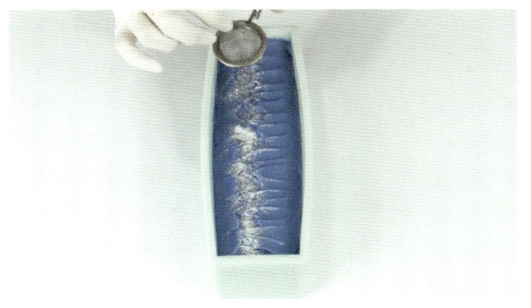

11. 펄을 비누 윗면에 조금 뿌려주면 완성입니다.

○ **Making Note** ○

• 땅과 산 부분을 작업할 때 비누의 층과 층 사이의 경계를 울퉁불퉁하게 만들면 자연스러운 경계면이 표현됩니다.

• 비누용 펄이나 화장품용 펄을 비누 윗면에 조금 뿌려주면 반짝이는 효과를 낼 수 있습니다.

고즈넉하고 단아한 느낌의 비누랍니다. 마치 한 폭의 수채
화 그림을 보는 것 같지 않나요? 보기에는 어렵고 복잡해 보
이지만 천천히 따라 해보면 쉽게 만들 수 있어요.

6

응용 디자인

산과 나무

🧴 재료

[베이스 오일] 레시피 3번
총 750g

[에센셜 오일]
시더우드 5ml, 라벤더 15ml

[가성소다 수용액]
가성소다 110g(디스카운트 3%)
정제수 247g

[첨가물]
청대, 율피 분말, 밀싹 분말, 모링가 분말, 카카오
분말, 티타늄 디옥사이드

🧴 비누액 나누기

하늘 : 590g, 청대(하늘색 4단계)

산 : 250g, 밀싹 분말, 모링가 분말(짙은 초록색,
　　연두색)

땅 : 80g, 카카오 분말(갈색)

구름 : 180g, 티타늄 디옥사이드(하얀색)

나무 : 미리 만들어 사용하기

Step 1. '오일과 가성소다 수용액 섞어주기'는 29p, 비누액 교반하기를 참고해주세요.

Step 3. '마무리'는 30p, 마무리 과정을 참고해주세요.

1. 비누액을 나누고 첨가물을 넣어 섞어줍니다.

2. 땅 부분의 비누액을 몰드 한쪽에 채워줍니다(비누액 점도 : 3단계).

3. 산 부분의 두 가지 색 비누액을 스푼으로 번갈아가 면서 몰드에 떠 넣고 스푼으로 봉긋하게 봉우리를 만들어줍니다(비누액 점도 : 5단계).

4. 미리 준비한 나무 부분의 원형 비누를 땅에 꽂아줍 니다.

5. 하늘 부분 비누액 중 가장 연한색 비누액을 2/3 정도 몰드에 넣어줍니다(비누액 점도 : 3단계).

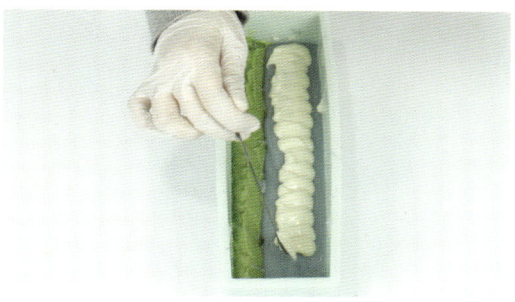

6. 작은 구름은 작은 스푼으로 비누액을 떠서 얇게 담아줍니다(비누액 점도 : 4단계).

7. 남은 하늘 부분 비누액으로 구름을 덮어줍니다.

8. 하늘 부분 비누액 중 두 번째로 진한색 비누액을 덮어줍니다(비누액 점도 : 3단계).

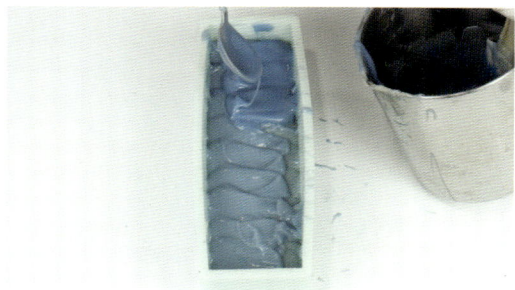

9. 세 번째로 진한색 비누액을 담아줍니다(비누액 점도 : 3단계).

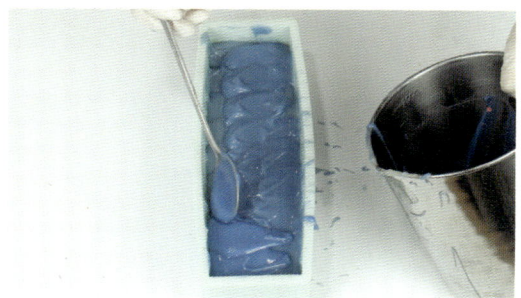

10. 마지막 비누액을 담아주고 윗면을 정리해줍니다(비누액 점도 : 3단계).

11. 남은 구름 비누액을 스푼으로 떠서 살짝 올려줍니다.
    자연스러운 모양이 되도록 정리해주면 완성입니다.

Making Note

원형 비누에 홈을 파서 얇게 자른 비누를 꽂아주면 나무가 완성됩니다.
얇게 자른 비누가 나무 기둥이 되니 진한 색으로 만들어주세요.

밤하늘에 별과 달이 뜬 모습을 비누에 표현해보았어요. 자
연스럽고 은은하게 표현된 하늘의 색감이 아름다운 비누랍
니다.

7

응용 디자인

밤하늘

🧼 재료

[베이스 오일] 레시피 2번
총 750g

[에센셜 오일]
시더우드 5ml, 라벤더 15ml

[가성소다 수용액]
가성소다 110g(디스카운트 3%)
정제수 247g

[첨가물]
청대, 숯 분말, 유노하나

🧼 비누액 나누기

하늘 : 600g, 청대, 숯 분말(남색)

산 : 500g, 숯 분말(회색 4단계)

달 : 미리 만들어 사용하기, 청대, 유노하나

별 : 미리 만들어 사용하기, 유노하나

Step 1. '오일과 가성소다 수용액 섞어주기'는 29p. 비누액 교반하기를 참고해주세요.

Step 3. '마무리'는 30p. 마무리 과정을 참고해주세요.

1. 산 부분의 비누액을 100g, 100g, 150g, 150g으로 나
   누고 숯 분말을 넣고 4단계로 색을 나누어줍니다.

2. 가장 어두운색의 비누액을 몰드에 반 정도 부어줍니
   다(비누액 점도 : 3단계).

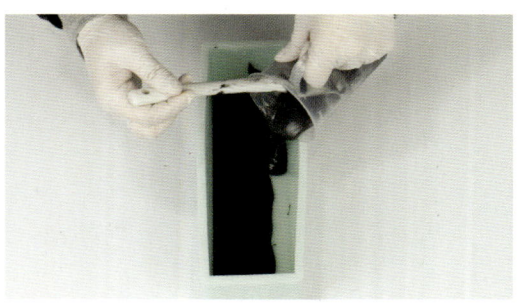

3. 두 번째로 어두운색 비누액을 몰드에 부어줍니다.

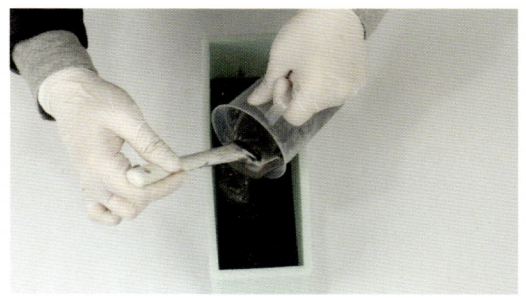

4. 세 번째로 어두운색 비누액을 몰드에 부어줍니다.

5. 가장 밝은색의 비누액을 부어준 후 윗 부분을 봉긋
   하게 세워 산 모양으로 만들어줍니다(비누액 단계 :
   4단계).

6. 별 부분의 노란색 비누를 길고 얇게 잘라줍니다.

7. 하늘 부분의 비누액을 준비합니다(비누액 점도 : 1 단계).

8. 컵에 비누액을 조금 덜어내고 몰드에 얇게 부어줍니다.

9. 비누액에 첨가물을 조금 더 추가해 색을 진하게 만들어줍니다.

10. 컵에 비누액을 조금 덜어내고 몰드에 얇게 부어줍니다.

11. 잘라놓은 노란색 비누를 중간중간 넣어 별을 표현해줍니다.

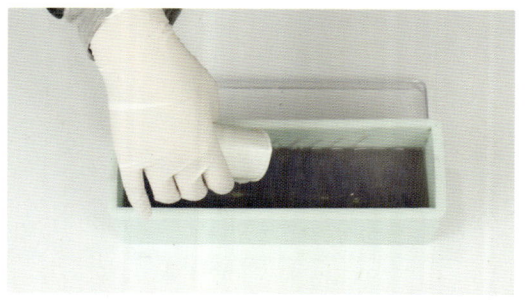

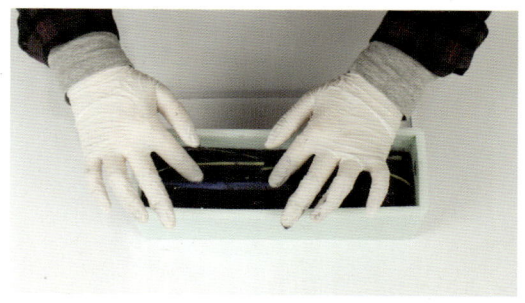

12. 색이 조금 더 진해진 비누액을 다시 한번 몰드에 얇게 부어줍니다. 9~11번 과정을 3~4번 반복합니다.

13. 미리 만들어놓은 달 부분의 원형 비누와 노란색 비누를 넣어줍니다.

14. 남은 비누액을 모두 부어주면 완성입니다.

Making Note

- 하늘의 색 변화를 자연스럽게 표현하기 위해서 그러데이션 기법(88p)을 적용했습니다.
- 색의 변화를 자연스럽게 하기 위해서는 원하는 색의 첨가물을 오일에 미리 개어두고 비누액에 한 방울씩 넣어주며 색을 만드는 것이 좋습니다.

1888년 9월 캔버스 油彩 73×92cm
파리 개인 소장

먹음직스러운 케이크를 비누에 담았어요. 사용하는 색에 따라 다양한 맛의 케이크를 만들 수 있는 매력적인 디자인이랍니다.

응용 디자인

케이크

🎨 재료

[베이스 오일] 레시피 3번
총 750g

[에센셜 오일]
시더우드 5ml, 라벤더 15ml

[가성소다 수용액]
가성소다 110g(디스카운트 3%)
정제수 247g

[첨가물]
티타늄 디옥사이드, 색색의 옥사이드

🎨 비누액 나누기

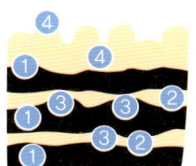

① 시트 3개 층 : 600g

② 중간 크림 2개 층 : 150g

③ 중간 원형 데코 : 130g

④ 상단 크림 및 데코 : 220g

Step 1. '오일과 가성소다 수용액 섞어주기'는 29p, 비누액 교반하기를 참고해주세요.

Step 3. '마무리'는 30p, 마무리 과정을 참고해주세요.

1. 비누액을 나누고 첨가물을 넣어 섞어줍니다.

2. 시트 600g 중 200g은 몰드에 부어줍니다(비누액 점도 : 3단계).

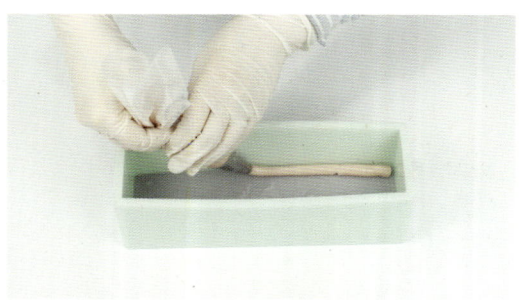

3. 중간 원형 데코 비누액을 짤주머니에 넣고 3줄 짜줍니다(비누액 점도 : 5단계).

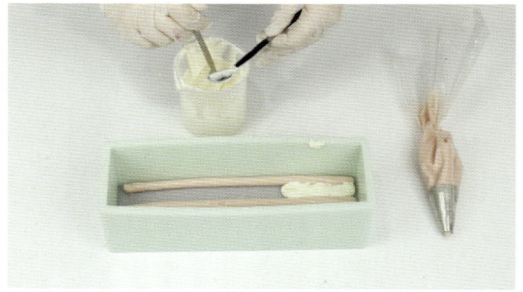

4. 짜 넣은 비누 사이로 중간 크림용 비누액을 채워줍니다(비누액 점도 : 3단계).

5. 시트 부분의 비누액 200g을 떠서 비누액이 망가지지 않도록 스푼을 이용하여 조심스럽게 넣어줍니다(비누액 점도 : 3단계).

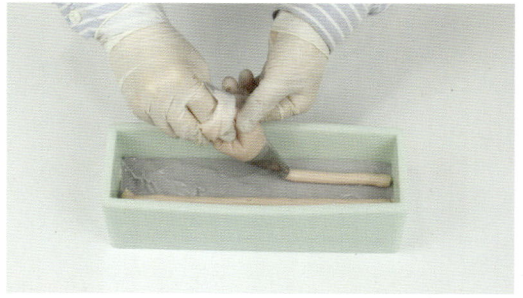

6. 짤주머니로 한 번 더 2줄 짜서 넣어줍니다(비누액 점도 : 5단계).

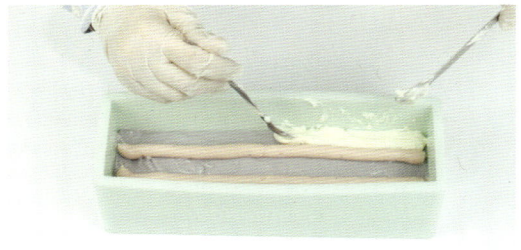 

7. 중간 크림용 비누액을 사이에 채워줍니다(비누액 점도 : 3단계).

8. 시트 부분의 남은 비누액을 모두 몰드에 담아줍니다 (비누액 점도 : 3단계).

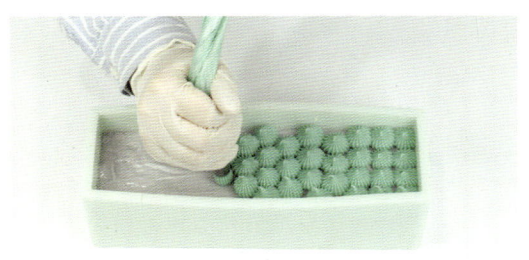 

9. 짤주머니를 이용해 케이크 크림처럼 비누액을 짜서 올려줍니다(비누액 점도 : 4단계).

10. 여러 크기의 깍지를 사용해 빈 공간 없이 채워주면 완성입니다.

○ Making Note ○

- 짤주머니를 이용해 비누액을 짜서 모양을 만들어야 하기 때문에 비누액의 점도가 제일 중요합니다.
- 비누액 점도를 참고합니다(126p).
- 다양한 색의 옥사이드를 이용하여 케이크 비누를 만들어보세요.

한입 베어먹고 싶은 비주얼을 가진 수박 비누는 여름철이 다
가오면 덩달아 인기가 높아지는 비누랍니다.

응용 디자인

수박

🎨 재료

[베이스 오일] 레시피 2번
총 750g

[에센셜 오일]
파촐리 5ml, 메이창 5ml, 레몬 10ml

[가성소다 수용액]
가성소다 110g(디스카운트 3%)
정제수 247g

[첨가물]
칼라민, 밀싹 분말, 클로렐라 분말, 숯 분말, 옥사이드

[기타]
멘드라미 씨

🎨 비누액 나누기

과육 : 880g, 칼라민, 핑크 옥사이드 약간(분홍색)

껍질 1 : 150g, 티타늄 디옥사이드(하얀색)

껍질 2 : 40g, 밀싹 분말, 그린 옥사이드 약간(연두색)

껍질 3 : 30g, 클로렐라 분말, 그린 옥사이드 약간(초록색)

씨 : 미리 만들어 사용하기, 숯 분말

Step 1. '오일과 가성소다 수용액 섞어주기'는 29p, 비누액 교반하기를 참고해주세요.

Step 3. '마무리'는 30p, 마무리 과정을 참고해주세요.

1. 비누액을 나누고 첨가물을 넣어 섞어줍니다.

2. 껍질 부분으로 사용될 비누액을 짤주머니에 넣어줍니다.

3. 진한 초록색 비누액을 몰드에 3줄 짜서 넣어줍니다 (비누액 점도 : 3단계).

4. 초록색 비누액을 빈 공간에 굵게 짜서 넣어줍니다 (비누액 점도 : 3단계).

5. 비누액이 망가지지 않도록 하얀색 비누액을 짜서 넣어줍니다(비누액 점도 : 3단계).

6. 수박의 과육이 될 비누액을 스푼으로 떠서 몰드에 담아줍니다(비누액 점도 : 4단계).

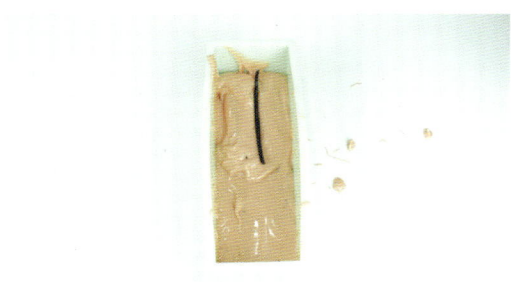

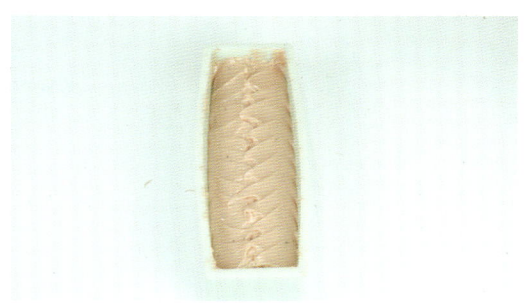

7. 중간중간 얇게 자른 검은색 비누를 넣어 씨를 표현해 줍니다.

8. 스푼을 이용하여 비누 윗면을 봉긋하게 세워줍니다.

9. 입자가 작은 씨앗을 비누 윗면에 뿌리면 완성입니다.

Making Note

씨앗을 표현하기 위해 미리 검은색 비누를 만들어 둔 후 얇게 썰어 중간중간 넣어줍니다. 또는 과육 부분의 비누액에 검은색 비누를 잘게 썰어 넣고 섞어준 후 몰드에 담아주면 쉽게 만들 수 있습니다.

프랑스 화가인 르느와르의 「베니스의 도제궁전」 작품을 비누
로 표현했어요. 겉보기에는 복잡해 보이지만 차근차근 따라
해보면 전혀 어렵지 않답니다.

베니스 전경

🧩 재료

[베이스 오일] 레시피 2번
총 오일량 750g

[에센셜 오일]
시더우드 5ml, 라벤더 15ml

[가성소다 수용액]
가성소다 110g(디스카운트 3%)
정제수 247g

[첨가물]
청대 분말, 파프리카 분말, 유노하나, 밀싹 분말,
클로렐라 분말, 율피 분말, 곡물 분말, 옥사이드

🧩 비누액 나누기

하늘 : 500g, 청대, 핑크 옥사이드, 바이올렛 옥사
이드(5가지 색)

강 : 310g, 청대, 파프리카, 유노하나, 밀싹 분말,
클로렐라, 핑크 옥사이드(6가지 다양한 색)

건물 : 290g, 율피 분말, 곡물 분말(갈색, 베이지색)

배 : 미리 만들어 사용하기

탑 : 미리 만들어 사용하기

Step 1. '오일과 가성소다 수용액 섞어주기'는 29p. 비누액 교반하기를 참고해주세요.

Step 3. '마무리'는 30p, 마무리 과정을 참고해주세요.

1. 강을 표현할 비누액을 첨가물을 넣어 만들어줍니다. 명화의 느낌을 최대한 살려 알록달록한 색으로 만들어주세요.

2. 짤주머니에 비누액을 넣어줍니다.

3. 짤주머니에 넣은 비누액을 몰드 좌우로 번갈아 왕복하며 짜줍니다(비누액 점도 : 3단계).

4. 6가지 색의 비누액을 번갈아가면서 몰드에 넣어줍니다.

5. 배를 표현하기 위해 미리 만들어놓은 비누를 넣어줍니다.

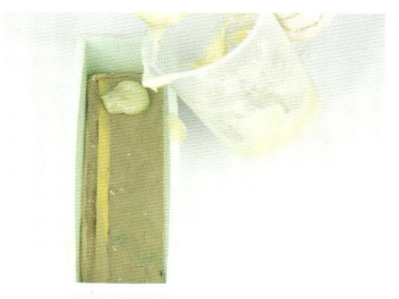

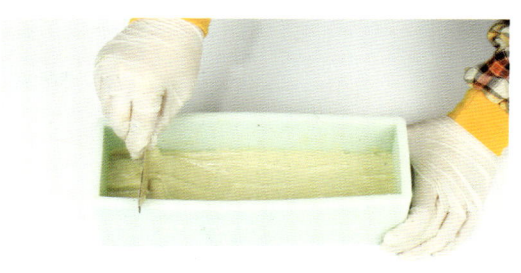

6. 건물이 될 비누액을 몰드에 담아줍니다(비누액 점도
   : 4단계).

7. 두꺼운 종이에 건물의 라인을 그려서 잘라준 후 몰드
   에 끼워 끝에서 끝까지 천천히 움직이며 비누 윗면
   에 모양을 만들어줍니다.

8. 미리 만들어둔 비누를 얇게 잘라 탑이 될 부분에 꽂
   아줍니다.

9. 하늘 부분 비누액을 만들어줍니다(비누액 점도 : 2
   단계).

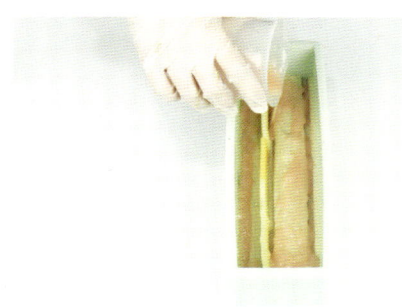

10. 핑크색 비누액을 몰드에 자유롭게 부어줍니다.

11. 보라색과 하늘색 비누액을 몰드에 자유롭게 부어줍
    니다.

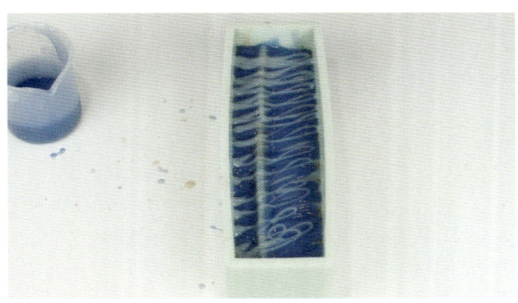

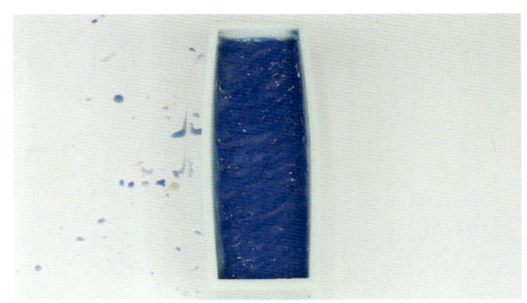

12. 여분의 밝은색 비누액을 흩뿌려주면 구름을 표현할 수 있습니다.

13. 진한 파란색 비누액을 마지막으로 몰드에 부어주면 완성입니다.

Making Note

강 위에 떠있는 배를 표현하기 위해서는 돛 부분이 될 비누를 삼각 형태로 만들어 주는 것이 중요합니다.

BONUS

오일 & 첨가물
한눈에 보기

───── 오일 별 비누화 값

오일	가성소다 값	오일	가성소다 값
코코넛	0.183	로즈힙	0.133
팜	0.142	소이빈	0.136
포도씨	0.1265	망고버터	0.137
피마자	0.1286	블랙세서미	0.134
햄프시드	0.1345	면실	0.138
올리브(퓨어)	0.134	스테아르	0.148
올리브(버진)	0.133	바오밥	0.143
해바라기씨	0.134	시어버터	0.128
유채꽃	0.133	비즈왁스	0.069
코코아버터	0.138	헤이즐넛	0.1356
피넛	0.136	호호바	0.069
윗점	0.13	홍화씨	0.136
살구씨	0.135	메도우폼시드	0.12
라놀린	0.076	옥수수	0.136
동백	0.139	라드	0.141
달맞이꽃 종자	0.135	보리지	0.1358
녹차씨	0.137	체리시드	0.135
님	0.139	커피버터	0.128
미강	0.128	아마씨	0.135
스위트 아몬드	0.136	밍크	0.14
마카다미아넛	0.139	월넛	0.135

에센셜 오일 향기 그룹

허브 계열	바질, 클라리세이지, 마조람, 페퍼민트, 스피아민트, 로즈마리, 펜넬, 타임 등
시트러스 계열	오렌지, 레몬, 자몽, 라임, 레몬그라스, 버가못, 만다린 등
플로럴 계열	라벤더, 네롤리, 캐모마일, 제라늄, 자스민, 로즈 등
오리엔탈 계열	샌달우드, 일랑일랑, 베티버, 파촐리 등
수지 계열	벤조인, 프랑킨센스, 미르 등
스파이스 계열	시나몬, 진저, 클로브버드, 블랙페퍼 등
수목 계열	유칼립투스, 시더우드, 티트리, 주니퍼베리, 페티그레인, 파인, 로즈우드 등

─────천연분말의 효능

천연분말	효능	천연분말	효능
밀싹	맑은 피부 톤, 모공 수축	살구씨	보습, 잡티 억제
파프리카	풍부한 비타민C, 미백	카카오	보습
카렌듈라	가려움 진정, 피부자극 완화	숯	모공 속 노폐물 제거
그린머드	피지 흡착, 독소 배출	녹차	여드름 완화, 피부 진정, 기미&주근깨 완화
어성초	여드름 완화, 소염, 피부 보호	칼라민	가려움 진정, 소염, 피부 보호
율피	여드름 완화, 모공 관리, 피지 제거, 각질 제거	곡물	피지 제거, 각질 제거
호박	피부 유연 작용, 보습, 노화 예방, 주름 완화	황토	모공 속 노폐물 제거
청대	항균, 항염	핑크 클레이	피부 유연 작용, 피부결 강화
모링가	항염, 항산화	유노하나	가려움 진정, 보습
진피	가려움 진정, 보습	클로렐라	노화 예방, 주름 완화, 각질 제거, 피지 제거

피부 타입에 따른 베이스 / 에센셜 오일

피부 타입	베이스 오일	에센셜 오일
건성	아보카도, 올리브, 달맞이꽃 종자, 동백, 호호바, 피마자, 스위트 아몬드, 마유, 카렌듈라, 마카다미아넛, 카놀라	라벤더, 발마로사, 파촐리, 일랑일랑, 샌달우드, 로즈우드, 제라늄, 네롤리
아토피	올리브, 호호바, 달맞이꽃 종자, 아보카도, 동백, 미강, 햄프시드, 카렌듈라, 윗점, 밍크, 미우, 시어버터, 아르간, 타마누, 로즈힙, 아마씨	캐모마일, 라벤더, 티트리, 제라늄, 샌달우드
지성	올리브, 호호바, 해바라기씨, 포도씨, 녹차씨, 피마자, 세인트 존스워트, 헤이즐넛, 스위트 아몬드	라벤더, 프랑킨센스, 버가못, 레몬, 쥬니퍼 베리, 사이프러스, 만다린, 티트리, 그레이프플롯, 제라늄
여드름	올리브, 호호바, 해바라기씨, 포도씨, 녹차씨, 살구씨, 스위트 아몬드, 연꽃, 아보카도, 헤이즐넛	버가못, 제라늄, 쥬니퍼베리, 라벤더, 레몬, 타임, 만다린, 페티그레인, 티트리, 로즈마리, 샌달우드, 메이창, 미르, 네롤리, 세이지, 사이프러스, 캐모마일, 파인, 벤조인
노화 예방	올리브, 호호바, 윗점, 로즈힙, 마카다미아넛, 스위트 아몬드, 녹차씨, 피마자, 달맞이, 대두유, 미강, 아르간, 호두씨, 에뮤, 밍크, 포도씨, 보리지	로즈, 네롤리, 프랑킨센스, 펜넬, 로즈우드, 샌달우드, 레몬, 오렌지, 일랑일랑, 미르, 팔마로사
민감성	아보카도, 올리브, 호호바, 마카다미아넛, 달맞이꽃 종자, 살구씨, 스위트 아몬드, 포도씨, 동백	라벤더, 제라늄, 캐모마일, 네롤리, 로즈우드
보습	올리브, 호호바, 동백, 미강, 헤이즐넛, 살구씨, 스위트 아몬드, 아보카도, 로즈힙, 홍화씨	라벤더, 만다린, 로즈우드, 샌달우드

건성 피부	코코넛 오일 160g 팜 오일 150g 올리브 오일 150g 살구씨 오일 150g 미강 오일 90g 시어버터 50g	코코넛 오일 170g 팜 오일 160g 올리브 오일 150g 마카다미아넛 오일 120g 스위트 아몬드 오일 100g 포도씨 오일 50g
지성 피부	코코넛 오일 220g 팜 오일 200g 올리브 오일 100g 해바라기씨 오일 100g 포도씨 오일 80g 피마자 오일 50g	코코넛 오일 220g 팜 오일 220g 녹차씨 오일 120g 해바라기씨 오일 90g 포도씨 오일 70g 헤이즐럿 오일 30g
민감성 피부	코코넛 오일 180g 팜 오일 170g 올리브 오일 150g 달맞이꽃 종자 오일 100g 해바라기씨 오일 100g 아보카도 오일 50g	코코넛 오일 190g 팜 오일 180g 카렌듈라 침출유 130g 동백 오일 100g 살구씨 오일 100g 호호바 오일 50g
아기용	코코넛 오일 150g 팜 오일 140g 올리브 오일 200g 아보카도 오일 120g 달맞이꽃 종자 오일 100g 시어버터 40g	코코넛 오일 90g 팜 오일 80g 올리브 오일 330g 시어버터 150g 햄프시드 오일 100g
노화 피부	코코넛 오일 190g 팜 오일 180g 올리브 오일 120g 로즈힙 오일 80g 홍화씨 오일 120g 시어버터 60g	코코넛 오일 170g 팜 오일 170g 올리브 오일 150g 아보카도 오일 120g 윗점 오일 80g 포도씨 오일 60g

디자인 비누 추천 레시피

• 레시피 1

비누화가 천천히 진행되어 묽은 상태로 작업하는 디자인에 사용합니다.

1kg 비누용 베이스 오일 750g	코코넛 오일 170g 팜 오일 160g 올리브 오일 150g 해바라기씨 100g 살구씨 120g 포도씨 50g	500g 비누용 베이스 오일 375g	코코넛 오일 85g 팜 오일 80g 올리브 오일 75g 해바라기씨 50g 살구씨 60g 포도씨 25g

• 레시피 2

일반적인 디자인의 비누에 사용합니다.

1kg 비누용 베이스 오일 750g	코코넛 오일 190g 팜 오일 170g 올리브 오일 150g 미강유 120g 살구씨 50g 피마자 오일 40g 시어버터 30g	500g 비누용 베이스 오일 375g	코코넛 오일 95g 팜 오일 85g 올리브 오일 75g 미강유 60g 살구씨 25g 피마자 오일 20g 시어버터 15g

• 레시피 3

비누액의 점도가 높아야 하는 비누에 사용합니다.

1kg 비누용 베이스 오일 750g	코코넛 오일 210g 팜 오일 200g 미강유 120g 올리브 오일 100g 피마자 오일 40g 해바라기씨 50g 포도씨 30g	500g 비누용 베이스 오일 375g	코코넛 오일 105g 팜 오일 100g 미강유 60g 올리브 오일 50g 피마자 오일 20g 해바라기씨 25g 포도씨 15g

건강 한 스푼, 예쁨 한 스푼

피부가 숨 쉬는 천연비누

초 판 3 쇄 발행일	2020년 01월 20일
초 판 발 행 일	2018년 07월 05일
발 행 인	박영일
책 임 편 집	이해욱
저 자	김도희
편 집 진 행	강현아
표 지 디 자 인	김도연
편 집 디 자 인	신해니
발 행 처	시대인
공 급 처	(주)시대고시기획
출 판 등 록	제 10-1521호
주 소	서울시 마포구 큰우물로 75 [도화동 538 성지 B/D] 9F
전 화	1600-3600
팩 스	02-701-8823
홈 페 이 지	www.sidaegosi.com
I S B N	979-11-254-4756-6[13590]
정 가	16,000원

시대인은 종합교육그룹 (주)시대고시기획 · 시대교육의 단행본 브랜드입니다.